Magical Mystery Hawaii

マジカル・ミステリー・ハワイ

オ ア フ 島 路 線 バ ス 乗 り 放 題 の 旅

辻村裕治 文・イラスト

論創社

はじめに

ハワイへ行くのに大きなトランクやスーツケースは必要ありません。四泊六日といった短期滞在なら着替えのジーンズ一本に短パン一つ、Tシャツ数枚に長袖の上着一枚、あとは下着と綿ソックスを小さな旅行バッグに詰めればOKです。靴はもちろん足になじんだスニーカーが最適でしょう。

機内持ち込みの手荷物一個で気軽に出かければ、ホノルル国際空港到着後にゴトゴトと回るターンテーブルの前で自分のトランクを探すこともありません。

それに小さめのバッグ一つなら、ホノルル国際空港からホノルル市営の公共交通機関、ザ・バスを利用してワイキキに向かうことができるのです。

ハワイのバスはアメリカのベスト公共交通システムとして二度も表彰されたことがあるほど充実しています。オアフ島内をほぼ網羅している路線網、均一料金二ドルでどこまでも乗れるという安心感、いつも親切な運転手の皆さん、涼しくて清潔な車内。

ザ・バスを乗りこなせば、ハワイに滞在中の行動範囲が大きく広がってきます。

この本ではホノルル国際空港からワイキキまでの移動に始まり、ワイキキのバス通りの描写、さまざまなバス路線と観光スポットやショッピングセンターの紹介、オアフ島一周ルート、ホノルルの中心部ダウンタウンからチャイナタウンまで、実際にバスを利用してまとめたものです。

もちろん筆者自身オアフ島の全ての路線を乗車した訳ではありません。この本の内容も観光客が利用するのに便利だと思われる路線に限定されています。

つまり、ここで紹介した以外にもオアフ島には観光客にはあまり知られていないような素敵な路線がたくさんあるでしょう。

ザ・バスの路線発見の旅も面白いかもしれません。

さあ、冷えたビールを飲みながらオアフ島巡りに出発しましょう。ハワイに乾杯！

辻村裕治

タートル・ベイ
ポリネシア・センター
ハレイワ
ドール・プランテーション
カネオヘ
カイルア
アロハ・タワー
シーライフ・パーク
ホノルル空港
アラモアナ
ワイキキ
ダイヤモンド・ヘッド
ハナウマ湾
N
W
E
S

オアフ島全図

マジカル・ミステリー・ハワイ

オアフ島路線バス乗り放題の旅

もくじ

Section 3

ワイキキからアロハ・タワーへ

Section 4

カイルア、サークル・アイランド

イラスト／辻村裕治

Section 1

ホノルル国際空港からワイキキへ

HAWAII

Chapter 1

空港からアラモアナ・センターへ

機内食と缶ビールという夕食をすませたあと、窮屈な姿勢でウトウトしているうちに機内が突然明るくなる。トイレ付近が混雑し、ブロイラー状態のところへパンに飲み物といった朝食が配られると、機内にはあと一時間ほどでハワイに着くという期待感が漂い始める。

ファッション雑誌そのままの姿の若い女性グループ。お年寄りを連れた大家族やご親戚一同。それに新婚さんカップルもいれば熟年夫婦もいたりして、ハワイ人気は衰える気配がないようだ。

無事に飛行機が着陸し、シートベルト着用のサインが消えると、乗客は一斉に機内持ち込みの手荷物を頭上の棚から取り出す。早朝の窓の外にはホノルル国際空港の白い建て物が目に入る。

そして機外へ出ると空港全体を包む南国の花の香りに思わずうっとりしてしまう。

ホノルル国際空港（Honolulu International Airport）はハワイ諸島（the Hawaiian Islands）の空の玄関であり、また太平洋の中枢空港（the hub of the Pacific）の役割を担っている。最新設備の整った巨大な空港にはアメリカ本土（the mainland）や世界各国から観光客を満載した航空機が絶え間なく離発着し、マウイ島（Maui Is.）やハワイ島（Hawaii Is.）カウアイ島（Kauai Is.）などの近隣諸島（neighbor islands）をつなぐ島間航空（inter-island air）の飛行機も数多く運行されている。

入国審査（immigration）を終えた個人旅行者は検疫所（quarantine）、税関（customs）を通り抜けて正面右手にある個人旅行者用出口から表へ出る。左奥には別に団体用出口があり、パック旅行の観光客は左へ向かうことになる。

ホノルル国際空港
Honolulu International Airport

Tel. 836-6413
24 hours a day, 7 days a week,
365 days a year

ホノルル在住の知人が迎えに来ている人は別にして、大多数の個人旅行者は自分でワイキキ（Waikiki）までの足を探すことになる。高層ホテルが密集するワイキキはホノルル国際空港から東へ一五キロほど離れている。

もちろんレンタ・カー（rent-a-car）を借りるのが一般的だが、慣れない土地でクルマを運転するのを嫌う人も多い。日本と違ってハワイはクルマが右側通行だ。

大きくて堅いスーツケースをゴロゴロと転がしている旅行者は公共交通のバス（The Bus）に乗れないのでタクシー（taxi）かシャトル・バス（shuttle bus）を利用することになる。タクシーならチップ（tip）を含めてワイキキまでおよそ三〇ドル、シャトル・バスなら一人八ドルほどの出費になる。

ホノルル空港前のバス停。
ハワイのバスの旅はいつもここから始まる。

公共交通のバスでワイキキに向かう人はとりあえずバス停（bus stop）を探さねばならない。ホノルル空港前の道路は二層構造になっていてバスの停留所は上段部分にある。そこで空港建て物の外に出たら、左手にある団体客待合い所近くの階段で二階まで上る。出発ターミナルに面した上段道路の中央部分に路面電車の停留所のようなバス停が見える。

道路の上段部分といっても、それとわからないほど幅の広い六車線の一方通行である。ただ周囲の椰子の木が何となく背が低い。つまり地上から伸びた椰子の木を二階部分から見ている形になる。

ハワイの椰子の木は幹が細くて本当に背が高い。グアム島（Guam Is.）のずんぐりとした椰子の木とはまったく異なる感じがする。

ホノルル空港前のバス停は茶色の屋根をしたドーム状で、周囲は茶色の半透明の材質で囲まれている。正面に黄色い文字で大きく「The Bus」と書かれ、中にはベンチがあり座ってバスを待つことができる。

日本からのフライト（flight）は早朝にホノルル空港に到着する便が多く、まぶしい朝の光に包まれてワイキキ行きのバスを待つことになる。太陽が出ていながら南国のシャワー（shower）が歓迎することもある。飛行機が満席状態でも、公共のバスでワイキキに向かう日本人観光客はまずいない。ひとり旅ならハワイで何となく孤独感を味わう最初の時だ。

ホノルル国際空港からワイキキへ向かうバスのルート番号は一九番と二〇番。ただし、どちらも東行き（east bound）のバス、つまり行き先表示がワイキキ／ビーチ＆ホテルズ（WAIKIKI BEACH & HOTELS）となっているか確認しなくてはならない。

同じ一九番、二〇番でも西行き（west bound）のバスがあるので注意が必要だ。一九番のバスでも行き先の表示がエアポート／ヒッカム（AIRPORT/HICKAM）なら乗ってはいけない。ワイキキを出発してホノルル国際空港を経由し、終点のヒッカム空軍基地を目指す路線だ。ヒッカム空軍基地はホノルル国際空港に隣接していて、かつては日本軍の真珠湾攻撃で攻撃目標となり多大な被害を受けたところだ。また二〇番も同様に、行き先がエアポート／アリゾナ・メモーリアル／スタジアム／パールリッジ（AIRPORT/ARIZONA MEM/STADIUM/PEARLRIDGE）なら乗らないように。こちらはワイキキからホノルル国際空港まで来たあとアリゾナ記念館（Arizona Memorial）、アロハ・スタジアム（Aloha Stadium）を経由し、パールリッジ・センターまで走って行く。

一九番ワイキキ／ビーチ&ホテルズ

島間航空の建て物のほうから一九番のバスが近づいてきた。行き先はワイキキ／ビーチ&ホテルズだ。片手を挙げて乗車の意志を伝える。バスの右前方の乗車口から乗り込むが、乗車口といっても車内にいた乗客が降りてくることがある。バスが停まったからといってあわてて乗り込まないで、降車する人がいないか確認する必要がある。

乗車したら運転手に軽く挨拶し、正面の料金箱に乗車賃二ドルを入れる。今回の運賃改定の前には一ドル五〇セント、そして短期間一ドル七五セントと乗車するのに二五セント硬貨が必要だったが、現在はポッキリ二ドルとなり硬貨を用意する手間がなくなった。便利といえば便利なのだが、一乗車一ドルのころに比べると二倍に値上がりした訳で、やっぱり高いと感じてしまう。

早朝のためか車内はとても空いていて現地の人たちが数人乗っているだけだ。ホノルル国際空港からワイキキまでの所要時間は五〇分から一時間ほど。道路が混んでいると一時間一五分くらいかかることもある。空港前のバス停から空港アクセスを走り、ニミッツ・ハイウェイ（Nimitz Hwy）に出るとバスは東へ向かう。

ドール・キャナリー（Dole Cannery Square）からホノルルの中心部であるチャイナタウン（Chinatown）、ダウンタウン（Downtown）を経由してアラモアナ・ショッピングセンター（Ala Moana Shopping Center）を目指す。車窓からの眺めによって再びハワイを訪れたと実感できる。

途中いくつかのバス停で停車し、車内の乗客は次第に多くなる。乗車口を見ていると現地の人たちはめったに現金を支払わない。ほとんどの人が首から下げたマンスリー・パス（monthly pass）を運転手に提示する。月初めから月末まで有効のパスは四〇ドル。一乗車二ドルなので一〇往復すれば元が取れる。クルマを所有せずバスを日常の交通手段にしている人たちにはとても割安で有り難い定期券だ。

キング通り（S.King St.）を東に進み、左手にイオラニ宮殿（Iolani Palace）、その向かい側にカメハメハ大王像（King Kamehameha Statue）が見えると、バスはパンチボウル通り（Punchbowl St.）

を右折して海側に向かう。そしてアラモアナ大通り（Ala Moana Blvd.）に出ると左折し、左にレストラン・ロウ（Restaurant Row）、しばらくすると右に一瞬ケワロ湾（Kewalo Basin）の青い海とたくさんのヨット、ボートが目に入る。

バスはアラモアナ大通りを快調に東へ向かって走る。左にワード・ウエアハウス（Ward Warehouse）とワード・センター（Ward Center）が続き、右手には広大なアラモアナ・ビーチパーク（Ala Moana Beach Park）が続いている。その向こうはまぶしい海だ。

バスがアラモアナ・ショッピングセンターに近づくとそのすぐ手前で左折してピイコイ通り（Piikoi St.）に入る。そしてすぐにセンター裏側のコナ通り（Kona St.）に右折する。そこがセンター山側のバス停だ。アラモアナからワイキキにかけて、方角を表わすのに山側（mauka）と海側（makai）という言葉がよく使われる。

コナ通りには右側のショッピングセンター裏手沿いに何台ものバスが一列に停車していて、オアフ島（Oahu Is.）の各方面を目指す数多くのバス停が並んでいる。ここはオアフ島最大のバス・ステーション（transfer point）なのである。

ここではカイルア（Kailua）やカネオへ（Kaneohe）などからアラモアナ・センターに買い物に来た年配の日系人が帰りのバスを待っていたりして、ワイキキの華やいだ雰囲気とは異なった生活感に触れることができる。静かにバスを待つ現地の人たちの前をさまざまな行き先表示のバスが次々に発車していく。

逆に考えればどんなに郊外へ遠出しても、とにかくアラモアナ・センター行きのバスに乗れば帰って来られるというのは非常に安心感がある。アラモアナ・センターからワイキキまでは頻繁にバスが運行されているし、何なら歩いても帰れる距離だ。

アラモアナ・センターの山側にあるバス停は
オアフ島の各所を結ぶターミナルだ。

アラモアナ・センターからクヒオ通りを東へ

ホノルル空港からアラモアナ・センターにたどり着いたバスは山側のバス・ステーションでしばらくの間停車する。運転手がトイレ休憩で突然いなくなったりするがあわてずに座席で待っていればよい。停車中はエンジンを切るので車内は次第に蒸し暑くなってくる。運転手がいない間は誰も乗り込もうとしないようだ。

数分してアラモアナ・センターを出発したバスは時計廻りに再びアラモアナ大通りに出ると、左折してすぐにアラワイ運河（Ala Wai Canal）の橋を渡る。右手に巨大なホテル、ハワイ・プリンス・ホテル（Hawaii Prince）、ルネッサンス・イリカイ（Renaissance Ilikai Waikiki）が見える。

バス停を二つ過ぎるとアラモアナ大通りからカリア通り（Kalia Rd.）に右折する。左手には広大な米軍専用施設フォート・デ・ラッシー（Fort De Russy）、右側にヒルトン・ハワイアン・ビレッジ（Hilton Hawaiian Village）のエントランスが見える。さらに東へ進むと右手に米軍専用宿泊施設ハレ・コア（Hale Koa）、そして海を背にした芝生の奥にアメリカ陸軍博物館（U.S.Army Museum of Hawaii）が見える。

アメリカ陸軍博物館のある場所はかつて真珠湾（Pearl Harbor）の軍港およびホノルル防衛のため、海に向けた巨大な砲台（battery）があった施設である。その裏手にフォート・デ・ラッシー・ビーチ（Fort De Russy Beach）が広がっている。建て物の前に迫撃砲や戦車、屋上には軍用ヘリコプターが置いてあるのが見える。厚いコンクリート製の建造物は敵の砲撃に耐えるように設計され、当時は兵舎として使用されていた部屋がそのまま展示室になっている。館内に入ると戦争に関する具体的な資料を前にして時間が経つのも忘れてしまう。

カメハメハ大王のハワイ諸島統一からベトナム戦争まで歴史の流れに沿ってパネルが展示さ

れ、日本軍の真珠湾攻撃を伝えるビデオも常時放映されている。また戦争で実際に使用された銃やライフル、ガスマスクなども数多く見ることができる。月曜日休館。入場は無料だが募金箱が置かれている。

アメリカ陸軍博物館
U.S. Army Museum of Hawaii

Kalia & Saratoga Rds.
Tel. 438-2821
Tuesday through Sunday
10:00AM to 3:45PM

アメリカ陸軍博物館前のバス停は昔のハワイ人の住居を模した茶色の屋根が付いている。この屋根付きバス停はアラモアナからワイキキでよく見られるタイプだ。

ワイキキ・ショア (Outrigger Waikiki Shore)、ロイヤル・アイランダー (Ohana Royal Islander)、ワイキキ・パーク (Waikik Parc)、そしてハレクラニ (Halekulani) やシェラトン・ワイキキ

（Sheraton Waikiki）などのホテルに宿泊している人は、アラモアナ・センターからの帰りにこの陸軍博物館前のバス停で降りると部屋まで歩くのに近くて便利だ。

ただし日本の芸能人御用達の高級ホテル、ハレクラニの宿泊客はバスになど乗らないのかも知れない。どこへ行くにも大型の白いリムジン（limousine）をチャーターするのだろうか。

カラカウア通りとクヒオ通り

Kalakaua Ave. and Kuhio Ave.

陸軍博物館前を過ぎるとバスは左折してサラトガ通り（Saratoga Rd.）を山側に向かって走る。右手にカイ・アロハ（Kai Aloha）、プナワイ（Aloha Punawai）などの小さなホテルが続き、やがて左側にワイキキ郵便局（WaikikiPost Office）が見える。広いカラカウア通り（Kalakaua Ave.）を横切ると左にキング・カラカウア・プラザ（King Kalakaua Plaza）が見え、その後バスはすぐに右折する。そこがクヒオ通り（Kuhio Ave.）である。

アメリカ陸軍博物館前。ワイキキの西の外れにあり、
博物館の裏手にはビーチが広がる。

近代的な高層ホテル群がそびえ立つワイキキ地区にはビーチに沿うように西から東へ走る一方通行の大きな通りがある。国際観光地ハワイのメイン・ストリートとして有名なカラカウア通り（Kalakaua Ave.）である。

由緒ある白亜のホテル、シェラトン・モアナ・サーフライダー（Sheraton Moana Surfrider）や二つのタワーが特徴の近代的なホテル、ハイアット・リージェンシー・ワイキキ（Hyatt Regency Waikiki）などに挟まれたカラカウア通りはワイキキ・ショッピング・プラザ（Waikiki Shopping Plaza）やロイヤル・ハワイアン・ショッピングセンター（Royal Hawaiian Shopping Center）などが軒を連ね、世界各国からの観光客が両側の歩道を楽しそうに散策している。

しかしバスはカラカウア通りを運行していない。ワイキキ地区のもう一本山側を東西に走るクヒオ通りがバスのルートである。ワイキキの中心部を東西に約三キロ、歩いて四五分ほどというクヒオ通りは、ホテルやコンドミニアムが林立する都会的な通りである。レストランやショップ、ファストフードやコンビニが賑やかに並んでいる。バスはクヒオ通りに入ると、何度も停車しながらおよそ一〇分かかって東へ通り抜ける。

パック旅行で初めてハワイに来て、シェラトン・ワイキキやハイアット・リージェンシー・ワイキキなどのホテルに宿泊する観光客は、クヒオ通りのバス停を利用することに気付かないで日本に帰ってしまう人も多い。それにパック旅行にはワイキキ・トロリー（Waikiki Trolley）乗り放題といった特典が付いたものが多くなり、ハワイ滞在中に観光客がわざわざ公共のバスに乗らなくても、便利にオアフ島内を移動できるようになってきた。

しかし、現地の人たちに混じって自由にバスに乗るという体験をすると、時間的なロスや多少の不便も楽しみの一つになってくるから不思議だ。

クヒオ通りのもう一本山側にアラワイ運河沿いのアラワイ通り（Ala Wai Blvd）がある。これはカラカウア通りとは逆に東から西へ走る一方通行だが、レンタ・カーを運転する人は別にして、一般観光客にはあまり利用価値がない。

また、夜遅い時間にアラワイ運河沿いを歩くのは危険だと書かれたガイドブックをよく見かける。夜遅くまでフラフラと出歩いていれば犯罪の被害者になる危険率が高くなるのは世界中のどこでも当然のことで、アラワイ通りに限らず、カラカウア通りでもクヒオ通りでも同様だと考えたほうがよい。

映画館ワイキキ・シアター（Waikiki Theater）で最終回を見て外へ出ると、すでに真夜中を過ぎていることが多い。昼間とは違った異様な雰囲気のクヒオ通りを急ぎ足でホテルに帰るのは少々覚悟がいる。私は英語で書かれた新聞を手に丸めて持ち、なるべくラフな格好をして眼光鋭く一目散に歩く。

ハワイのバス停には停留所を表わす名前がついていない。そのため降りる場所が近づくと窓から外を覗いて、辺りの景色で降りる判断しなくてはならない。

ただしクヒオ通りではバス停の間隔が短く、ホテルやレストラン、ショップやコンビニが通り

ＥＺストア前のバス停。
ワイキキ・サーフに滞在したときに何度も利用した。

の両側に続いているので、少しばかり間違えても心配は要らない。少しばかり離れたバス停で降りても宿泊中のホテルやコンドまで簡単に歩いて帰ることができる。

最近は次に停車するバス停周辺のホテルやコンド名を知らせるテープが車内に流れることも多い。ところがその発音がネイティブ風で聞き取るのに苦労してしまう。

EZディスカウント・ストア

EZ Discount Store

さて、クヒオ通りに入ったバスがまず停車するのは三ブロックほど走った先にあるEZディスカウント・ストア（EZ Discount Store）前のバス停である。ハワイはクルマが右側通行だからバス停は進行方向の右側、つまり海側にある。EZはイーズィーと読む。お手軽に買い物ができるという意味だろうか。かつてワイキキ・サーフ（Ohana Waikiki Surf）に宿泊したときに何度も利用したコンビニだ。

ワイキキのホテルに短期滞在すると、ABCストア（ABC Store）にしてもEZストアにしても、ホテルに一番近いコンビニを繰り返し利用することになる。冷えた缶ビールと簡単なツマミ類がいつでも手に入るのは非常に有り難い。店舗数はABCストアほど多くないが、EZストアもコンビニのチェーン店であり、扱っている商品の内容はほとんど変わらない。

このEZストアはクヒオ通りを南北に横切るルワーズ通り（Lewers St.）の信号のすぐ手前に位置している。ストアの周辺にはワイキキ・サーフの他にもワイキキ・マリア（Ohana Waikiki Malia）、ワイキキ・ジョイ（Aston Waikiki Joy）、マーク・スイーツ（Marc Suites Waikiki）などのホテルがある。ワイキキの一等地からは少し西になるが、お手頃なホテルが多く集まり、日本人観光客のメッカ、DFSギャラリア（DFS Galleria Waikiki）にも近い。


EZストア前のバス停で降りてルワーズ通りを海側へ歩く。左にDFSワイキキ・ギャラリアの裏側駐車場、右にワイキキ・ジョイがあり、その先に観光客で混雑するカラカウア通りがある。カラカウア通りの向かい側にはロイヤル・ハワイアン・ショッピングセンターの西端が見える。ワイキキ・トロリーの乗車券発売所と発着所がある辺りで、小さなリュックを背にした日本人観光客のカップルや家族連れがザワザワと集まっている。

広いカラカウア通りを横切ってそのまま海へ向かって歩いていくと、アメリカ本土からの若者が多く滞在しているルワーズ通り独特の雰囲気となる。その奥まった所に高級ホテルといわれるハレクラニがあり、その裏側は直接ワイキキ・ビーチ（Waikiki Beach）に面している。

ＥＺストア前を発車したバスは右手のワイキキ・マリア、マクドナルド（McDonald's）を通り過ぎ、左側にロイヤル・クヒオ（Royal Kuhio）を見ながら進む。信号三つめのシーサイド通り（Seaside Ave.）を超えてすぐ、ワイキキ・トレード・センター（Waikiki Trade Center）前で停まる。

ここは棒にポツンとバス停の標示があるだけで屋根がない。歩道がゆったりと広く開放的なバス停だ。近くにスターバックス・コーヒー（Starbucks Coffee）の椅子が並んでいる。以前はハンバーガー・ショップだったのがやがて回転寿司になり、現在はスターバックス・コーヒーと、ワイキキの店舗は本当に移り変わりが早い。

ワイキキ・
トレード・センター
Waikiki Trade Center

2255 Kuhio Avenue
Honolulu Hawaii 96815

ワイキキ・トレード・センター前。
ワイキキの中心部にあるので、いつも賑やかだ。

このバス停の周辺にはマリーン・サーフ・ワイキキ（Marine Surf Waikiki）、コーラル・リーフ（Coral Reef）、向い側にロイヤル・クヒオ（Royal Kuhio）、オハナ・サーフ（Ohana Surf）とリーズナブルなホテルが多い。それにシーサイド通りを山側へ歩けば、アラワイ運河の手前に長期滞在者に人気のコンドミニアム、アイランド・コロニー（Marc Island Colony）がある。

また海側に歩くと左手にワイキキ・シアターがある。昼間のマチネー料金（matinee）なら五ドルほどで封切り映画を観ることができる。もちろん字幕がないので英語のリスニングの練習に最適だ。やがて右側にワイキキ・ショッピング・プラザ（Waikiki Shopping Plaza）がありカラカウア通りに出る。通りの向こう側にはロイヤル・ハワイアン・ショッピングセンターの正面入口の噴水が見える。

ビーチに近いピンク色の老舗ホテル、ロイヤル・ハワイアン（Royal Hawaiian）や巨大な翼を広げたようなシェラトン・ワイキキ、カラカウア通り沿いにあるアウトリガー・ワイキキ・オン・ザ・ビーチ（Outrigger Waikiki On The Beach）やワイキキ・ビーチコマー（Waikiki Beachcomber）などに宿泊している観光客には、ここがクヒオ通りの最も近いバス停ということになる。

つまりカラカウア通りの周辺に宿泊している観光客も山側へ歩いてクヒオ通りまで来れば、たとえば東行きの五八番か二二番でダイヤモンド・ヘッド（Diamond Head）やハナウマ湾（Hanauma Bay）、またはシーライフ・パーク（Sea Life Park）まで往復四ドルで行くことができる。

カイウラニ王女像

Princess Kaiulani Statue

ワイキキ・トレード・センター前を発車したバスは右手のワイキキ・タウンセンター（Waikiki Town Center）、ミラマー・アット・ワイキキ（Miramar at Waikiki）、アウトリガー・イースト（Outrigger East）を過ぎ、左側にフード・パントリー（Food Pantry）とEZストアが並んだ辺りを過ぎて停車する。バス停のすぐ近く、クヒオ通りとカイウラニ通り（Kaiulani Ave.）に挟まれたコーナーにカイウラニ王女（Princess Kaiulani）の像が建てられているのが特徴だ。

カイウラニ王女はカラカウア王の幼い姪で、スコットランド人との混血、ハワイ王朝最後の希望といわれた美しい女性だった。カラカウア王は一八八一年（明治一四年）に世界一周の旅に出ると、サンフランシスコ経由で最初に日本までやって来た。当時の日本は西南戦争を経てようやく国情が安定してきたころで、一行は明治天皇及び明治政府の国賓級の熱烈な歓迎を受け、一九日間にわたり日本に滞在した。

予想外の大歓迎に気をよくしたカラカウア王は、何とカイウラニ王女を皇室にお嫁入りさせたいと明治天皇に申し出た。ハワイ王家と皇室を縁結びさせることによりアメリカの脅威からハワイを守ろうという発想だった。当のカイウラニ王女はまだ五歳だったという。日本政府は翌年、その申し出を丁重にお断わりしたという。

イギリス人との混血だったカイウラニ王女は
わずか23歳で病没した。

周辺にはアウトリガー・イースト（Outrigger East）やプリンセス・カイウラニ（Princess Kaiulani）などのホテル、また商業施設キングズ・ビレッジ（Kings Village）があり、クヒオ通りの斜め向いには二四時間営業のスーパー・マーケット、フード・パントリーや観光客に人気のあるバイキング式レストラン、ペリーズ・スモーギー（Perry's Smorgy）がある。

先ほどのワイキキ・トレード・センター前から、このカイウラニ王女像のあるバス停辺りまでがクヒオ通りの中心部だ。カイウラニ通りを海側にカラカウア通りまで歩くと、白亜のシェラトン・モアナ・サーフライダーや巨大なハイアット・リージェンシー・ワイキキがある。カラカウア通りにはブランド・ショップが軒を並べ、数多くの観光客がゾロゾロと歩いていて、いわゆるハワイのイメージにピッタリだ。

カラカウア通りをさらに東に歩いていくとすぐ右側がビーチになり、ワイキキ交番（Waikiki Police Office）、オリンピックの金メダリストとして名高いデューク・カハナモク像（Duke Kahanamoku Statue）がある。砂浜には鮮やかな色のサーフボードが立てられ、肌を焼いている女性も数多く見られる。海に沈む夕日が美しく、夕方になるとたくさんの観光客が散歩がてらビーチまで涼みに集まってくる。

その先のバス停は信号三つめの直前、リリウオカラニ通り（Liliuokalani Ave.）の手前、ＡＢＣストアの前にあり、斜め向いにはラディソン・ワイキキ・プリンス・クヒオ（Radisson Waikiki Prince Kuhio）がある。

以前にバナナ・バンガロー（Banana Bungalow）に宿泊したときはこのバス停で降り、ＡＢＣストアで缶ビールを仕入れてから部屋に帰ったものだが、残念ながらバナナ・バンガローはワイキキから撤退してしまった。檄安なドミトリー棟と格安なホテル棟があり、それこそ世界中の若者たちで占拠されていた。

珍しいことに、ここでは東行きのバス停と西行きのバス停が通りを挟んで真向いにある。クヒオ通りのバス停の設置場所はバラバラで、日本のように両方向が必ずしも通りの真向かいにある訳ではなく、しかもバス停の数も異なっている。ただ単にバス停を設置しやすいところといった発想のようだ。西行きのほうがバス停の数が多いのは、ダウンタウン方面へ向かう通勤客を考慮してだろうか。

青いトタン屋根はハワイのバス停のもう一つのパターンだ。ベンチは造り付けではなく、適当にいくつか置いてある。ホノルル空港前の茶色のバス停を除いても、ハワイのバス停は昔のハワイ人の民家を模した丈夫そうな茶色い屋根付きのものと、青いトタン屋根の簡易型、屋根がなくて黄色のバス停標識を棒に付けただけのもの、そして棒もなく、そこらの塀などに適当に標識を貼り付けただけのものと実にバラエティ豊かである。

リリウオカラニ通りを海側に歩く。右側にワイキキ・リゾート（Waikiki Resort）、左側にパシフィック・ビーチ・ホテル（Pacific Beach Hotel）がある。この辺りはワイキキでもかなり東寄りで、カラカウア通りに出ると芝生の向こうに青い海が大きく広がって見える。夕方になるとビーチ沿いの歩道を手をつないでゆっくりと散歩している老齢の白人カップルがいたりして、涼しい

クヒオ通りを挟むバス停。
このあたりはすでにワイキキの東寄りの地域だ。

風の中を夕日が赤く沈んでいく。

その次はクヒオ通りにある最後の東行きバス停で、パオアカラニ通り（Paoakalani St.）の手前にある。ワイキキの東寄りに位置するワイキキ・マリオット（Waikiki Beach Mariott）やオーシャン・リゾート（Ocean Resort）、ワイキキ・バニアン（Waikiki Banyan）の宿泊客に便利なバス停だ。この辺りはバス停の間隔がとても短く、また通りの向い側にもたくさんのバス停が並んでいる。

クヒオ通りを東に向かって走ったバスは、やがて正面にホノルル動物園（Honolulu Zoo）の高い塀が見えるT字路に突き当たる。そこでワイキキの東の端を南北に走るカパフル通り（Kapahulu Ave.）を右に折れる。

モンサラット・バス・ターミナル

カパフル通りを海側に向かうと、右手のクイーン・カピオラニ・ホテルを過ぎた辺りからバスの正面にクヒオ・ビーチがまぶしく現れる。背の高い椰子の木が何本か植えられた白い砂浜の向こうは真っ青な海だ。

バスの右側にはジャック・イン・ザ・ボックス（Jack In The Box）、小さめのＡＢＣストア、そしてカラカウア通りに突き当たる手前の二階にデニーズ・レストラン（Denny's）がある。

デニーズ・レストラン前のバス停で降りてカラカウア通りの横断歩道を渡ると、目の前に波の静かなクヒオ・ビーチが広がっている。ワイキキの海沿いのメイン・ストリート、カラカウア通りにはバス路線がないので、このバス停がビーチに最も近いということになる。

ワイキキの西側に位置するアンバサダーやワイキキ・ゲイトウェイ（Waikiki Gateway）、マイレ・スカイ・コート（Ohana Maile Sky Court）などに宿泊している人は、クヒオ通りのキング・カラカウア・プラザ（King Kalakaua Plaza）の東にある東行きバス停で乗車し、クヒオ通りを走り抜けてこのバス停まで来れば簡単にビーチに出られる。ワイキキの東端へ向かう八番バスは本数がとても多いのでクヒオ・ビーチまでバスで来るのは思ったより簡単だ。

クヒオ・ビーチから砂浜を見渡すと、ワイキキ・ビーチを取り囲むようにして林立するシェラ

カパフル通りの南端にあるバス停では、
カラカウア通りの向こうに青い海が見える。

トン・ワイキキやロイヤル・ハワイアン、アウトリガー・ワイキキ・オン・ザ・ビーチ、モアナ・サーフライダーなどの高級ホテルが太陽に反射して輝いている。波間にはカラフルなサーフボードが小さく漂っていて、まさにこれぞハワイといった景色を満喫できる。

クヒオ・ビーチが近いといっても、このバス停で降りる乗客はまずいない。カラカウア通りに突き当たったと思ったらバスはすぐにハンドルを大きく左に切って、緑に覆われたモンサラット通り（Monsarrat Ave.）に入っていく。

右側には約二平方キロメートルというカピオラニ公園（Kapiolani Park）が広がっている。カラカウア王の妻、カピオラニ女王の名前を伝える緑豊かな公園は、早朝の散歩やジョギングのコースとして多くの人に利用されている。観光客に親しまれてきたコダック・フラ・ショーは残念ながらその長い歴史を閉じてしまったが、ワイキキ・シェル（Waikiki Shell）と呼ばれる野外劇場ではハワイ王朝専属音楽隊（Royal Hawaiian Band）やホノルル交響楽団などの無料コンサートがときおり開催される。巨大なバニヤン・ツリーが作る木陰でランチや食後の昼寝も楽しいがビールなどのアルコール類は公共の場所では禁止されているので気をつけたい。

カピオラニ公園の東側にはダイヤモンド・ヘッドの山裾が広がっている。また海側にワイキキ水族館（Waikiki Aquarium）があり、モンサラット通りを挟んだカピオラニ公園の反対側、バスの左手にはホノルル動物園（Honolulu Zoo）の入り口が見える。

観光客であふれるワイキキ地区のすぐ東隣に位置するホノルル動物園は観光地にある動物園とは思えないほど広大で本格的なものである。入り口の横にあるボードにはその日のアトラクションの時間やキッズ向けの催しが書かれているので参考にしたい。

園内に入るとまずドーナツ型の池があり、ピンク色をしたフラミンゴが歓迎してくれる。ちょっと苦手な蛇やトカゲなども飼育されているが、アフリカン・サバンナ（African Savanna）のコーナーではシマウマやキリンが自然の中でのんびり暮らしている。草木が繁り人工的でないのがハワイらしくていい。

ホノルル動物園
Honolulu Zoo

151 Kapahulu Avenue
Honolulu Hawaii
96815
Tel. 971-7171
9:00AM to 4:30PM

ホノルル動物園は珍しい鳥類のコレクションでも有名だ。バードハウス（Bird House）と呼ばれる鳥舎にはハワイの州鳥ネネ（Nene：ハワイガン）や絶滅の危機に瀕しているアパパネ（Apapane：アカハワイミツスイ）といった珍しい鳥が飼育されている。また園内を歩いている美しい孔雀たちは二四歳で亡くなられたカイウラニ王女が可愛がっていた孔雀の子孫なのだそうだ。子どもたちへのアトラクションとしてウサギやヤギ、ロバなどの小動物たちに触れることができるペッティング・ズー（Petting Zoo）や、象の曲芸を間近で見られるエレファント・エンカウンター（Elephant Encounter）がある。

モンサラット通り　*Monsarrat Avenue*

いよいよバスはワイキキの東端にあるモンサラット通りのバス・ターミナルに到着する。ターミナルといっても普通のバス停があるだけで特別の施設があるわけではない。バス停周辺はとても静かで、広大なカピオラニ公園も土曜日や日曜日のイベント開催時を除けば驚くほど閑散とした雰囲気だ。休日の早朝になるとカピオラニ公園を集合場所にして徒歩でダイヤモンド・ヘッドの頂上まで登ってくるファミリー・ハイキングの催しがあったり、水曜と週末には動物園の塀に沿って画家たちが自分の作品を展示即売する絵画市（Zoo Fence Art Market）が開かれたりする。

クヒオ通りを走行するバスで行き先表示がワイキキ／ビーチ＆ホテルズ（WAIKIKI/BEACH & HOTELS）となっている東行きの二番、八番、一三番、一九番、二〇番、四二番はすべて、このモンサラット通りのバス停が終点である。四番のユニバーシティ／ワイキキ四（UNIVERSITY/WAIKIKI）、それにエクスプレスB（CITY EXPRESS B!）の東行きもこのバス停を目指す。

始発時間を待っているバスは涼しい木陰で停車している。そして出発の時間が来るとバスの行き先表示を変えて、ここからまた西行きのバスとして出発していく。

Aloha!

Section 1

オアフ島南東部

五八番ハワイ・カイ／シーライフ・パーク

観光客の人気路線である東行きの五八番ハワイ・カイ／シーライフ・パーク（58 HAWAII KAI/SEA LIFE PARK）はアラモアナ・センターの山側バス・ターミナルが始発である。ただしバスはアラモアナ大通りからクヒオ通りを通り抜けて東へ向かうので、ワイキキに宿泊している観光客はクヒオ通りの海側のバス停で待てば簡単に乗ることができる。

五八番はワイキキの東、モンサラット通りのバス停を過ぎるとダイヤモンド・ヘッド（Diamond Head）からカハラ・モール（Kahala Mall）を経由して、オアフ島の東南部の海沿いをシーライフ・パーク（Sea Life Park）まで走るという魅力的な路線だ。車窓からの景色は素晴らし

以前のダイヤモンド・ヘッド登山口のバス停は、
狭い歩道にポツンと立っていた。

く、ルート沿いには数多くの観光名所が存在する。特にカラニアナオレ・ハイウェイ（Kalanianaole Hwy）の右側に広がるマウナルア湾（Maunalua Bay）は目が覚めるようで、まさにブルー・ハワイ（Blue Hawaii）を実感できる路線である。

クヒオ通りを東へ走り抜け、ホノルル動物園とカピオラニ公園にはさまれたモンサラット通りのバス・ターミナルを出発すると、しばらくして通りの名前がダイヤモンド・ヘッド（Diamond Head Rd.）に変わる。バスの右手にはダイヤモンド・ヘッドの巨大なクレーター（crater）が横たわっているのが見える。

モンサラット通りのバス停を出てわずか一〇分ほど、緩やかな右カーブの坂を登って左側の小さな教会を過ぎると、バスはクレーターのちょうど裏側にあるバス停に停車する。ダイヤモンド・ヘッドに登るにはこのバス停で降りる。たくさんの人が降りるのでまず乗り越すことはないが、ひょっとして乗り越しても、左折したすぐ先にもう一つのバス停があるので落ち着いてそこで降りればよい。バス停の向かい側にはハワイ大学系の州立短期大学、カピオラニ・コミュニティ・カレッジ（Kapiolani Community College）の緑豊かな敷地が見える。

ダイヤモンド・ヘッドはオアフ島有数の観光名所だが、その登山口のバス停はごく普通で日本の観光地のような垂れ幕、のぼり旗、提灯とかはまったくない。騒々しい音楽もなければ、クレーター饅頭とかヘッド最中の土産物屋もない。狭い歩道にごく普通のバス停が立っているだけだ。あまりの静けさに拍子抜けしてしまう。

バス停からクレーターの内側にある登山道入り口までは、ゆるやかな登り坂をのんびりと歩いて一五分ほど。途中にカイムキ（Kaimuki）の町を見下ろせる眺望ポイントがあり、またクレー

ダイヤモンド・ヘッド
Diamond Head State Monument and Hiking Trail

Tel. 733-4099
6:00AM to 6:00PM

ターの内側に入るには冷んやりとしたトンネルをくぐる。

クレーターの内部には合衆国政府やホノルル市の公的施設、立入禁止といった標識が数多く見られる。古くからハワイ語でレアヒ（leahi）、マグロのひたいと呼ばれていたクレーターの海側部分に米軍の監視塔と砲台が造られて以降、絶えず何らかの形でホノルルを防衛する施設として使用されているようだ。


ダイヤモンド・ヘッド・トレイル（Trail to the Top of Diamond Head）は合衆国陸軍による沿岸警備の一環として一九〇八年に造られた。以前は無料のハイキング・コースとして夕方になると地元の中年男性が愛犬と一緒に登っていたりしたが、現在は駐車場の奥にある案内所（Information Center）で登山料一ドルを払う。案内所にはダイヤモンド・ヘッドの地勢や歴史などが書かれた英語のパネルが展示され、登山の注意を書いたリフレットが用意されている。それによるとミネラル・ウォーターとカジュアルな靴、それに懐中電灯がクレーター登山の必需品だと書いてある。

案内所の横から登山道に入るとトイレと売店がある。海抜二三二メートルの頂上にある展望台

ダイヤモンド・ヘッドから帰るバス停。
後方はカピオラニ・カレッジの広大な敷地だ。

まではゆっくり登って四〇分。最初はコンクリートが敷かれた穏やかな散歩道のようだが、次第に険しい山道になり、汗が流れて息が切れてくる。途中の眺望台でひと休みして息を整えると、終盤には七六段のコンクリートの階段、続いて長さ約三〇〇メートルの細くて真っ暗なトンネル、そのあと九九段の急な階段が待っている。

絶望的な九九段の階段を意を決して登り切ると、コンクリート製の古い要塞の入り口にたどり着く。砲台が設置されていた軍事基地である。真っ暗な建て物の内部にある鉄製螺旋階段を手探りで上る。四層構造の最上階の部屋に入ると大砲の台座が残っているのが判る。そこから外へ出るには頭を低くして、トーチカの隙間から這い出る形になる。軍手があれば便利かもしれない。

屋外のゆるやかな鉄製階段上にあるコンクリート剥き出しの展望台からの眺めは本当に素晴らしい。特にワイキキ・ビーチに面した高層ホテル群の景色は素晴らしく見ていて飽きることがない。カピオラニ公園の競馬場跡やワイキキ・シェルも小さく見える。また眼下に見える白い灯台とエメラルド色の海の広がりも疲れが吹き飛ぶ美しさだ。

展望台に立ってさわやかな風に吹かれているとすぐに汗も渇いてしまう。そして誰もがまたいつかハワイへ来ようと心に誓う。

登りに比べると帰りは楽で、すぐに案内所のある辺りまで来てしまう。しかし振り返って頂上を見ると、よくあそこまで登ったものだと感心する。毎日が運動不足でしかもハワイへ来てからビール漬けの人は、涼しい時間に無理をしないでゆっくりと登りたい。

ワイキキへ帰るには来たときに降りたバス停の向かいのバス停で待つ。西行きの五八番ワイキキ／アラモアナ（58 WAIKIKI/ALA MOANA）か二二番のワイキキ／ビーチ＆ホテルズ（22 WAIKIKI/BEACH & HOTELS）のどちらかしか通っていないから、来たバスに乗れば必ずワイキキまで帰れる。ただし時間帯によってはシーライフ・パークやハナウマ湾からの乗客で満員通過ということもあるようだ。

東行き五八番のアラモアナ・センター始発は平日なら朝六時五〇分、土曜日と祭日七時一〇分、日曜日は八時一〇分となっている。従ってクヒオ通りのバス停から朝の八時半から九時には楽に五八番に乗ることができる。早めにダイヤモンド・ヘッド登山をして午前中に帰って来る方が安心だし、午後には別のプランが立てられるのでお勧めだ。

ダイヤモンド・ヘッド登山口のバス停を過ぎるとバスは左折して一八番通り（18th Ave.）に入る。左側には五二エーカーというカピオラニ・コミュニティ・カレッジの広大な敷地が見える。一八番通りという名前はカイムキの住宅街の西から一八番目の通りであることを表わしている。

カレッジの敷地が終る辺りでバスは右折してキラウエア通り（Kilauea Ave.）に入る。キラウエア通りが左に大きくカーブする辺りで道幅がやや広くなり、バスの正面にH1フリーウェイの高架が見えてくる。左側にマクドナルドやリバティー・ハウス（Liberty House）のLHの大きな文字が見えたら、そこがカハラ・モール（Kahala Mall）だ。

左側にあるマクドナルド近くのバス停を乗り越してもあわてることはない。その次のH1フリーウェイの高架のすぐ手前、右側のガソリン・スタンドを目印に降りればよい。いずれにしても左側のカハラ・モールへ行くには、バスを降りてから広いカラカウア通りを歩いて渡ることになる。クルマが結構スピードを出しているので、必ず横断歩道を利用するようにしたい。

カハラ・モールの向かい側のバス停。
前方にＨ１の高架が見える。モールへは通りを渡る。

高級住宅地カハラ（Kahala）を控えたショッピングセンター、カハラ・モールは、日本人観光客を満載したトロリーバスが乗り入れるようになってから、以前のような落ち着いた雰囲気が失われつつある。それでもアラモアナ・センターとは一味違う、ゆったりとしたショッピングを楽しめる。全館がエアコンで心地よい温度に設定され、床には厚いじゅうたんが敷きつめられている。

カハラ・モール
Kahala Mall Shopping Center

4211 Waialae Avenue
Tel. 732-7736
10:00AM to 9:00PM(Monday-Saturday)
10:00AM to 5:00PM(Sunday)

メイシーズ（Maicy's）に加えてバナナ・リパブリック（Banana Republic）、コットン・カーゴ（Cotton Cargo）、ギャップ（Gap）と有名専門店が並び、タワー・レコード（Tower Record）、ウォルデン・ブックス（Waldenbooks）、カハラ・シアター（Kahala Theater）と充実していて時間が経つのを忘れてしまう。書籍を割引販売する大型書店バーンズ＆ノーブル（Barnes & Noble）も見逃せない。

またロングズ・ドラッグズ（Longs Drugs）やスター・マーケット（Star Market）で日用品や食料品を買ったりL＆Lドライブ・イン（L&L Drive Inn）やカリフォルニア・ピザ・キッチン（California Pizza Kitchen）などで手軽な食事も楽しめる。

午前中にダイヤモンド・ヘッド登山を済ませてから、ワイキキとは逆方向に足を伸ばして、カハラ・モールで昼食を取るのもお勧めのコースだ。食事を済ませたあとショッピングを楽しむもよし、時間が合えば映画を観てもよい。

ただし暗くなる前にワイキキへ戻りたいので、遅くとも夕方五時ごろには帰りのバスを待つようにする。マクドナルドの近くとH1高架の近くに帰りのバス停がある。降りたバス停の向かい、カハラ・モール側のバス停なので帰りは道路を渡る必要はない。西行きの五八番ワイキキ／アラモアナか二二番ワイキキ／ビーチ&ホテルズが来るので、とにかく来たバスに乗ればよい。約二〇分でワイキキに帰れる。

ワイキキに帰ったら夕刻のクヒオ通りをホテルの部屋までのんびり歩き、シャワーを浴びてサッパリしよう。そのあとは清潔な服に着替えてワイキキのナイト・ライフを楽しみたい。カラカウア通りやクヒオ通りの喧噪は夜遅くまで続き、ブティックやショップも夜一〇時過ぎまでオープンしているところが多い。

ただし一人歩きはなるべく避け、暗くて狭い裏通りは歩かない、遅くとも夜一〇時までには部屋に戻るなど、くれぐれも事件や事故に巻き込まれないような気構えが必要だ。

ワイキキにはクヒオ・ビーチのフラとハワイアンのコンサート、シェラトン・ワイキキ(Sheraton Waikiki)のプール・サイドやハイアット・リージェンシー・ワイキキ(Hyatt Regency

カハラ・モール前のバス停。
車内はハナウマ湾から帰る乗客で混でいることが多い。

Waikiki）の一階ステージなど、素敵なハワイアン音楽を生で聞ける場所がたくさんある。酒を飲みながらハワイの音楽を聞くなんて最高の瞬間だが、もちろん飲み過ぎは禁物だ。

ハワイへ来たらとにかく飲もうという人はＡＢＣストアでビールやウィスキーと簡単なおつまみを買ってきてホテルの部屋でＴＶを見ながら飲むのが、何といっても手軽で安心だ。ワイキキの大型ホテルなら日本語のチャンネルもあるし、英語の番組を見て訳がわからず酔ってしまうのも楽しい。ベランダ（lanai）の付いた部屋なら涼しい風の中で夜景を見ながら一杯というのも最高だ。日本での忙しい生活を忘れさせてくれる至福の時間が流れていく。

カハラ・モールを過ぎ、Ｈ１フリーウェイ高架下で右折すると、Ｈ１に並行して走るワイアラエ通り（Waialae Ave.）を東へと向かう。ワイアラエ通りはすぐにＨ１に合流し、そのＨ１はやがてカラニアナオレ・ハイウェイ（Kalanianaole Hwy）と名前が変わり、バスは快適に東へ向かって走る。

カラニアナオレ・ハイウェイの右側には真っ青なマウナルア湾が広がる。はるか彼方には波を切って疾走するジェット・スキーやモーター・ボート、空にはカラフルなパラ・セイリングが見える。バスの左前方にココ・クレーター（Koko Crater）、右前方にはココ・ヘッド（Koko Head）と二つの小高い丘が見えてくる。ココ・ヘッドの向こう側には有名なハナウマ湾がある。

カハラ・モールから約二〇分。右側にマウナルア湾、左手にハワイ・カイ（Hawaii Kai）の高級住宅地を見ながら走っていくと、左前方にガソリン・スタンド、続いてフードランド（Foodland）の看板が目に入ってくる。ここがココ・マリーナ・ショッピングセンター（Koko Marina Shopping Center）だ。バスはショッピングセンターの正面を通り過ぎてから、左折してルナリロ・ホーム通り（Lunalilo Home Rd.）に入る。小さな教会の前のバス停で降りればココ・マリーナ・ショッピングセンターのすぐ横だ。

ココ・マリーナ・
ショッピングセンター
Koko Marina
Shopping Center

7192 Kalanianaole Hwy &
Lunalilo Home Road
Tel. 395-4737

ココ・マリーナ・ショッピングセンターはクルーザーやヨットが数多く停泊しているハワイ・カイ・マリーナ（Hawaii Kai Marina）に面して造られた、カジュアルなショッピングセンターだ。カラニアナオレ・ハイウェイとルナリロ・ホーム通りの角からはフードランドが見えるが、その奥には六〇を超えるショップやレストラン、ファストフード店が集まっている。

Tシャツやクラフツ、ジュエリーにギフトなどに加えて、このショッピングセンターの特色はサーフボードやウェットスーツ、ダイビングやスキューバなどのウォーター・スポーツのグッズを販売する専門店、ジェット・スキーやパラ・セイリングなどのアクティビティーの手配を取り扱う店が多い点だろう。隣接しているハワイ・カイ・マリーナで各種のウォーター・アクティビティーが行われる窓口になっている。

ファストフード店も数多く、マクドナルド、タコベル（Taco Bell）、ジッピーズ（Zippy's）、ヤミー・コリアン・バーベキュー（Yummy Korean BBQ）、サブウェイにロコモコ（Loco Moco）などが並んでいる。持ち帰り（to go）にしてボート・ハーバーで海を見ながら食べるというのもこのショッピングセンターならではの体験だ。カハラ・モールのような高級感はないが、海のすぐ隣という解放感に満ちている。

ココ・マリーナ・ショッピングセンター前のバス停。
ワイキキへ帰るバスを待つ。

もう一つ重要なのは、このココ・マリーナ・ショッピングセンターから有名なハナウマ湾(Hanauma Bay)まで歩いて行ける点だろう。五八番バスはフードランドの交差点を左折してしまうが、カラニアナオレ・ハイウェイまで歩いて戻って東へ向かう上り坂を歩くと二キロほどで右側にハナウマ湾入口がある。鉄製のゲートのような入り口なので見落とすことはない。しかも入り口の前には屋根付きの立派なバス停がある。普段は誰も降りないバス停だが、ハナウマ湾が閉鎖される毎週火曜日に自然保護のスタッフが利用するのかもしれない。

ハナウマ湾入り口は判りやすいにしても、強い陽射しの下をココ・マリーナ・ショッピングセンターから上り坂を歩くのはかなりつらい。しかしハナウマ湾で昼ごろまで遊んだあと、ショッピングセンターまでゆっくりと下り坂を歩くのはお勧めだ。これならバスの時間を気にすることなく、好きな時間に海から出て着替えられる。下り坂なので歩くのもさほど苦にならず、辺りの景色を楽しみながらショッピングセンターに着けば、そこには冷たい飲み物と美味しいランチが待っている。

そのあとはボート・ハーバーの木陰で昼寝をしたり、時間が合えば映画を見たり、あるいはショップで土産物を探したりしたあとで、涼しくなったころにワイキキに帰ってくればよい。

帰りはカラニアナオレ・ハイウェイに面したショッピングセンター前のバス停で西行きの五八番ワイキキ／アラモアナか二二番ワイキキ／ビーチ&ホテルズのバスに乗る。西行きのバスはこの二本だけなので来たバスに乗ればOKだ。

五八番バスの終点はハワイ最大の海のテーマパーク、シーライフ・パーク（Sea Life Park）だ。ココ・マリーナ・ショッピングセンターの横、教会前のバス停を発車するとバスはルナリロ・ホーム通りをまっすぐ走り、五分ほどで右折してハワイ・カイ通り（Hawaii Kai Dr.）に入る。バスの右側にはココ・クレーターが横たわっていて海は見えない。広大なハワイ・カイ・ゴルフ・コース（Hawaii Kai Championship Golf Course）を過ぎて正面に真っ青な海が見えると、バスは再びカラニアナオレ・ハイウェイに出て、終点のシーライフ・パークを目指して走っていく。

ココ・マリーナ・ショッピングセンターから二〇分ほど、マカプウ・ビーチパーク（Makapuu Beach Park）が右手に広がると間もなくバスはシーライフ・パークの駐車場に入る。駐車場の奥にあるバス停が東行き五八番バスの終点だ。

シーライフ・パーク
Sea Life Park

41-202 Kalanianaole Hwy
Tel. 259-7933
9:30AM to 5:00PM(Daily)

シーライフ・パークは観光客用オプショナル・ツアー（optional tour）の定番だったが、ワイキキ・トロリーのルートに加えられてワイキキから気軽に来られるようになった。ペンギンやアシ

シーライフ・パークのバス停の標識は
板塀に打ち付けただけの簡単なものだ。

カのショー、ウミガメやペンギン、アホウドリの飼育舎、トビエイ、ウナギ、サメ、色とりどりの熱帯の魚などが生息するハワイの海を巨大な水槽内に再現したハワイアン・リーフ・タンク、イルカや小型クジラによるショーや海洋科学劇場など、家族連れで楽しめる各種アトラクションが多数用意されている。

ただし家族連れだと入場料だけでもかなりの金額になる。それに園内のレストランで食事をしてイルカの調教を体験するスプラッシュUやエイと触れあうスティングレイ・エンカウンター、ドルフィン・アドベンチャーズにシー・ウォーカーなどを申し込むと相当な出費を覚悟しなくてはならない。

ワイキキへ帰るには降りたバス停で五八番ワイキキ／アラモアナか二二番ワイキキ／ビーチ&ホテルズに乗ればよい。バスは時計廻りにパークの施設を一周し、別の出口から出発する。来たときとは逆にココ・マリーナ・ショッピングセンターからカハラ・モール、ダイヤモンド・ヘッド、クヒオ通りを経由してアラモアナ・ショッピングセンターへ帰っていく。

カイルア

Kailua

ここではシーライフ・パークからカイルア（Kailua）の町へ行く路線を紹介する。行き先表示は五七番ホノルル／アラモアナ（57 HONOLULU/ALA MOANA）でシーライフ・パークが始発。ワイマナロ（Waimanalo）、カイルアを通り抜け、カイルア通り（Kailua Rd.）からパリ・ハイウェイ（Pali Hwy）を突っ走り、ビショップ通り（Bishop St.）を抜けてアラモアナ・ショッピングセンターへ帰っていく路線だ。

シーライフ・パークを発車した五七番バスは、しばらくの間カラニアナオレ・ハイウェイの右側に海が見えるが、ワイマナロ・ビーチパーク（Waimanalo Beach Park）を過ぎた辺りから内陸部の田舎町を走るようになり、海は全く見えなくなってしまう。

しばらく走ったあとバスは右折してケオル通り（Keolu Dr.）からワナアオ通り（Wanaao Rd.）に入り、そのあとカイルアの町を通り抜ける。

五八番のハワイ・カイ／シーライフ・パークで終点のシーライフ・パークまで行き、そこから五七番ホノルル／アラモアナに乗り継げば、オアフ島の南東部を反時計廻りに一周することになる。

22番ビーチバスは
ハナウマ湾の展望台にあるバス停まで下りてくる。

二二番ビーチバス

東行き二二番ビーチバス（22 THE BEACH BUS）の行き先表示はハワイ・カイ／ハナウマベイ／シーライフ・パーク（HAWAII KAI/HANAUMA BAY/SEA LIFE PARK）となっている。五八番のハワイ・カイ／シーライフ・パークと行き先は同じだが、大きな違いは二二番バスがシーライフ・パークへ行く途中でハナウマ湾の入り口からハナウマ湾展望台のバス停まで下りていく点だ。五八番のバスでハナウマ湾へ行こうとするとココ・マリーナ・ショッピングセンターのバス停で降りてから、ハナウマ湾入り口まで長い上り坂を二キロほど歩かなくてはならない。ハナウマ湾で泳ぐ前の準備運動と思えば少しは救われるかもしれない。

ビーチバスの始発バス停はクヒオ通りの西端、ワイキキ・ゲイトウェイ公園（Waikiki Gateway Park）の前にある。スーツを着たカラカウア王（King Kalakaua）の銅像がある公園だ。このバス停は二二番バスの始発専用で、普段は気が付かない人が多い。しかし大混雑するビーチバスをハナウマ湾まで座って行きたい人はこのバス停で並ぶのがコツだ。

ただ午前中にこのバス停で漫然と二二番を待っていても貴重な時間を無駄にすることが多い。二二番は平日は一時間に一本しか運行されていない。土曜日と日曜日、それに祝日は三〇分に一本運行されているが、とにかく朝八時一五分出発の始発にのって九時ちょうどにハナウマ湾に着くのがお勧めだ。それを逃すと平日なら九時一五分、土、日、祝日なら八時四五分まで次のバスを待つことになる。

ワイキキを出て四〇分ほど、左手にココ・マリーナ・ショッピングセンターを過ぎると、バスはカラニアナオレ・ハイウェイを直進して坂を上っていく。右側にハナウマ湾自然保護区（Hanauma Bay Nature Preserve）と書かれた石造りの案内が見えると、バスはハンドルを大きく右に切ってハナウマ湾駐車場へ下りていく。

駐車場の海側はハナウマ湾全体を眺められる展望台になっていて、巨大なクレーターに囲まれた青い海、水面下に広がるサンゴ礁を一望できる。

外輪山がゆるやかなカーブを描く砂浜に透明度の高い海が続き、サンゴ礁には色鮮やかな熱帯魚が泳ぐ人気のビーチ。以前は誰でも自由に訪れることのできる無料のビーチパークだったが、現在は自然保護区になり、二〇〇二年八月には巨額の費用をかけて駐車場や周辺施設の整備がなされた。その中心はマリーン・エデュケーション・センター（Marine Education Center）と呼ばれる建て物である。

切符売り場とセンター入り口は自然の岩肌を削ったような造りになっていて、右側に三つ並んだ窓口で入場料三ドルを払うと、すぐにギフトショップと各種の資料が並んだ展示室に入る。パネルには海洋生物や珊瑚礁などについての解説がカラー写真付きで書かれ、実際の珊瑚の見本やウミガメの剥製なども展示されている。またモニターで調べたい項目を選ぶとコンピューターが詳しく説明してくれる。

展示室の出口から階段を下りると洞窟風のビデオ鑑賞シアターが待っている。入場の際に受け取ったチケット入り口で係員に手渡す。シアターは定員一一〇名というが場内に椅子はなく、全

モンサラット通りはワイキキの東端にあり、
いくつかのバスの発着所になっている。

員立ったままで鑑賞する。上映時間七分。内容はハワイ諸島の誕生からハナウマ湾の生成、湾内で棲息する海洋生物の紹介など。そして最後はハナウマ湾で泳ぐ際の注意事項が並ぶ。とにかく、このビデオを見ないとビーチへは出られない。

シアターから解放されて、ハナウマ、ハナウマとつぶやきながら急ぎ足で坂を下りると、途中にも注意書きの看板があり、危険な箇所や潮に流されたときの対処方法が書かれている。ようや

ハナウマ湾
Hanauma Bay Nature Preserve

Kalanianaole Hwy
Tel. 395-2211
6:00AM to 7:00PM(April-October)
6:00AM to 6:00PM(November-March)
Daily Except Closed Tuesdays
Admission $5.00 Per Person

く美しいビーチに出ると清潔な脱衣場、シャワーにトイレが完備され、シュノーケルやフィンのレンタル、ライフガードの詰め所などがある。ただし飲食物の売店はビーチにないので、入場する前にチケット売り場の向かいにある売店で購入しておくか、あるいはバスに乗る前にコンビニで用意しておく必要がある。

毎週火曜日は環境保護と施設点検のため閉場される。湾内での喫煙、飲酒は厳禁。またペットの持ち込みも不可。以前のビーチパーク、出入りの自由なハナウマ湾を知る人には何とも窮屈なシステムになったものだが、貴重なハナウマ湾を汚染から守るためと理解するより仕方がない。

FUCK
Government
yuji

ワイキキからアロハ・タワーへ

Chapter 1

クヒオ通りを西へ

モンサラット・バス・ターミナル

ワイキキの東端にあるモンサラット通りのバス・ターミナルは、東行きのバスのうち行き先表示がワイキキ／ビーチ＆ホテルズの終点であり、また西行きのバスの出発点でもある。ここから二番バスはスクール／ミドル・ストリート（2 SCHOOL/MIDDLE ST）、八番バスはアラモアナ・センター（8 ALA MOANA CTR）、一三番はリリハ／プウヌイ・アベニュウ（13 LILIHA/PUUNUI

AVE)、一九番はエアポート／ヒッカム（19 AIRPORT/HICKAM)、二〇番はエアポート／アリゾナ・メモーリアル／スタジアム／パールリッジ（20 AIRPORT/ARIZONA MEM/STADIUM/PEARLRIDGE)、四二番エワ・ビーチ（42 EWA BEACH）と行き先表示を変えて次々と出発していく。

また東行きの四番バス、行き先表示ユニバーシティ／ワイキキ（4 UNIVERSITY/WAIKIKI）もモンサラット通りのバス停が終点で、西行きはヌウアヌ／ドウセット・アベニュウ（4 NUUANU/DOWSETT AVENUE）としてクヒオ通りを西へ走る。

それらのバスはホノルル動物園の周囲を反時計廻りに走ってカパフル通りに出る。左に折れてジェファソン小学校（Jefferson Elementary School）を右手に見ながら海側に向かって少し走る。やがてクヒオ通りに右折する直前にバス停がある。ワイキキの東端に位置するクイーン・カピオラニ（Queen Kapiolani）やワイキキ・グランド（Waikiki Grand）などに宿泊している人は、シーライフ・パークやハナウマ湾、ダイヤモンド・ヘッドの帰りにこのバス停で降りることになる。そのあとバスは右折してクヒオ通りに入り、はるか西へと進んでいく。

八番アラモアナ・センター　8 ALA MOANA CTR

クヒオ通りの山側で西行きのバスを待っていると、八番バスの運行本数が圧倒的に多いと知らされる。行き先表示はアラモアナ・センター（ALA MOANA CTR）で、ときには二、三台が固まって来ることもある。ワイキキとアラモアナ・センターを往復する基本路線であり、ハワイは初めてという観光客も気軽に利用できる。ここでは八番バスに乗ってクヒオ通りを西に向かってみよう。

カパフル通りからクヒオ通りに入ると、オーシャン・リゾートの向い、ワイキキ・バニアン

カパフル通りのバス停。
バスはこのあと右へ折れて、クヒオ通りを西へと走っていく。

前、プリンス・クヒオの西と一ブロックごとにバス停がある。走ってはすぐ止まりの繰り返しで落ち着かない。プリンス・クヒオのすぐ西にあるバス停は、クヒオ通りを挟んでバス停が真向かいに位置しているところだ。

ワイキキ地区の真ん中辺り、アウトリガー・イースト（Outrigger East）の向いに有名なバイキング形式レストラン、ペリーズ・スモーギー（Perry's Smorgy）がある。手頃な値段で朝食、ランチ、夕食が食べられるので観光客に大人気だ。朝食は朝七時から、ランチは午前一一時三〇分から、夕食は夕方五時三〇分からなので、早めの時間を狙ってよい席を確保したい。

その西隣の赤い屋根はEZストア。ライバルのABCストアより一セントでも安くと競争している。その西隣にはワイキキ地区唯一のスーパーといわれるフード・パントリー（Food Pantry）がある。どちらも平屋建てなのでクヒオ通りでもこの辺りは空が広がって解放的な感じがする。

フード・パントリー
Food Pantry

2370 Kuhio Ave.
Tel. 923-9831
6:00AM to 1:00AM

ＥＺストア前のバス停はフード・パントリーで食料品を購入するワイキキ・バニアンやワイキキ・サンセット（Waikiki Sunset）、アイランド・コロニーなどの長期滞在者に欠かせない存在だ。アラモアナ・センターの裏手にあるダイエー（Daiei）、あるいはアラモアナ・センター内のフードランド（Foodland）まで買い出しに出かける人も多いが、面倒ならフード・パントリーで手軽に食料品や日用品、酒類を仕入れることができる。

ホテルの宿泊客はレストランやファストフードなどの外食中心になるので食料品はまず必要ないが、それでも果物や飲み物、酒類や煙草、雑貨など豊富に揃えてあるので一度は覗いてみたい。ただしＡＢＣストアと違って日本語は全く通じないものと覚悟したほうがよい。また店内は非常に寒いので、ゆっくり買い物をするには長袖の上着が必需品だ。

ＥＺストアの次のバス停はワイキキ・マーケットプレイス（Waikiki Market Place）前にあり、サンドイッチのサブウェイ（Subway）が目印になる。クヒオ通りを挟んだ向いにはワイキキ・タウンセンター、コーラル・リーフ・ホテルが見える。このバス停で降りてクヒオ通りを渡り、狭い路地デュークス・レイン（Duke's Lane）を海に向かって歩けば、ワイキキ・シアターやビーチコマーのあるカラカウア通りの中心部に出られる。

その次のバス停はロイヤル・クヒオ前。アイランド・コロニーの滞在客が利用するバス停だ。バス停の向かいにマリーン・サーフ・ワイキキがあり、その右にお洒落なマクドナルドが見える。そのあとは向かい側にＥＺストアのあるオハナ・ワイキキ・サーフ前のバス停。いよいよクヒオ通りの西端が近づく。左手には新しいショッピング・スポット、２１００カラカウア・アヴェニュー（2100 Kalakaua Avenue）だ。ティファニー（Tiffany & Co.）、イヴ・サンローラン（Yves Saint Laurent Rive Gauche）、シャネル（Chanel）、グッチ（Gucci）、トッズ（Tod's）、ブシュロン（Boucheron）といった超高級ブランド店が六軒、独立した大型店舗で並んでいる。西側に隣接し

フード・パントリー、ＥＺストアと並ぶ辺りは、
食料品や酒類を買い込むのに便利だ。

たキング・カラカウア・プラザ（King Kalakaua Plaza）を過ぎた地点でバスは左に折れてオロハナ通り（Olohana St.）に入っていく。

2100カラカウア・アベニュー
2100 Kalakaua Avenue

10:00AM to 10:00PM

左折してアラモアナ・センターへ行くバスはもちろん八番アラモアナ・センター（8 ALA MOANA CTR）だが、そのほかにもクヒオ通りで一九番のエアポート／ヒッカム（19 AIRPORT/HICKAM）、二〇番のエアポート／アリゾナ・メモーリアル／スタジアム／パールリッジ（20 AIRPORT/ARIZONA MEM/STADIUM/PEARLRIDGE）、それに四二番エワ・ビーチ（42 EWA

BEACH）に乗っても同様のルートをアラモアナ・センターまで走る。

モンサラット通りのバス・ターミナルが始発ではないが五八番ワイキキ／アラモアナ（58 WAIKIKI/ALA MOANA）もアラモアナ・センターを目指す。はるばるシーライフ・パークからクヒオ通りを抜けてアラモアナ・センターへ帰る路線である。

アラモアナ・センターへ行くならとにかく八番バスに乗ると決めている観光客が多いようだ。それでも結構だが、ほかの路線も利用できるとバス停で待つ時間が節約できて便利だろう。

ワイキキからアラモアナ・センターへ

バスはワイキキ・ゲイトウェイ・ホテルとキング・カラカウア・プラザに挟まれたオロハナ通りを抜け、すぐにカラカウア通りに出る。この辺りのカラカウア通りは東行きの一方通行なのでバスは少し東に戻るような形で進む。そのあとすぐに右折してサラトガ通りに入ると、右手に郵便局、左手にはアロハ・プナワイなどの小さなホテルが並んでいる。ここからはホノルル国際空港からアラモアナ・センターを経由してワイキキまで来たときと同じコースを逆に走るだけだ。

ハワイのサブウェイのサンドイッチは
日本のよりもずっと食べごたえがある。

サラトガ通りを海側に向かって走るとすぐにバスはカリア通りに突き当たる。左の奥にシェラトン・ワイキキ（Sheraton Waikiki）の独特な形が見えるとバスは右折して西へ進んでいく。この辺りは左手に陸軍博物館前の芝生があり、急に青い空が広がる感じだ。陸軍博物館の裏手はフォート・デ・ラッシー・ビーチ（Fort De Russy Beach）がある。シャワーもあればトイレもあり、砂浜を歩けば東のシェラトン・ワイキキや西のヒルトン・ハワイアン・ビレッジまで足を伸ばせるので、そこで冷たい飲み物を味わうこともできる。

そのあとバスは左手に米軍専用ホテルのハレ・コア、続いてヒルトン・ハワイアン・ビレッジのタパ・タワー（Tapa Tower）とカリア・タワー（Kalia Tower）を見ながら進む。やがて左折してアラモアナ大通りに入ると右手にワイキキ・パークサイド（Waikiki Parkside）、ホリデイ・イン（Holiday Inn）が見える。そのあと右に大きくカーブすると、左手にルネッサンス・イリカイ（Renaissance Ilikai Waikiki）、イリカイ・マリーナ、ハワイ・プリンス・ホテル（Hawaii Prince）が過ぎて行く。

アラワイ運河の橋から左手にたくさんのヨットが目に入るとアラモアナ・ショッピングセンターはすぐ先だ。

クヒオ通りからオロハナ通りに左折して一〇分ほどでバスはアラモアナ・センターの海側バス停に到着する。車内の乗客のほとんどがアラモアナ・ショッピングセンターで降りるので、ハワイに来て初めてバスに乗った人でもアラモアナ・センターまでは簡単に来られる。

八番アラモアナ・センター（8 ALA MOANA CTR）と五八番ワイキキ／アラモアナ（58 WAIKIKI/ALA MOANA）のバスはそのあとアラモアナ・センターを囲むように右折してピイコイ通りに入り、また右折して山側のコナ通りで停車する。つまりセンター山側のバス・ターミナルが終点となる。センターでバスを乗り換えてカイルアやカネオへなどの郊外へ向かう人は山側のバス・ターミナルまで乗ったほうが楽だ。

その一方で一九番エアポート／ヒッカム（19 AIRPORT/HICKAM）と二〇番エアポート／アリゾナ・メモーリアル／スタジアム／パールリッジ（20 AIRPORT/ARIZONA MEM/STADIUM/PEARLRIDGE）、それに四二番のエワ・ビーチ（42 EWA BEACH）はセンターの山側バス停を経由しないで、海側のバス停からまっすぐ西に向かうので注意が必要だ。

ハワイ最大のショッピングモールといわれるアラモアナ・ショッピングセンターはワイキキから近く、例えばヒルトン・ハワイアン・ビレッジからなら歩いて一〇分ほどの距離だ。山側の一階と二階に広い駐車場があり、地元の人たちの支持率も高い。超高級品から日用品まで顧客に応じて揃えてあるという圧倒的な商品構成は日本のモールとは比べものにならない。ハワイ滞在中に運悪く朝から雨が降っていたら、バスに乗ってアラモアナ・センターまで来てみよう。時間を忘れて一日中ショッピングを楽しむことができる。

日本人観光客が一度は訪れるといわれる人気の秘密はブランド品の充実した品揃えと新アイテムの入荷の早さだろう。また、日本語が通じるスタッフを配置した店が多いことも指示される理由に挙げられる。

アラモアナ・センター海側のバス停。
大通りのむかいがわはアラモアナ・ビーチパークだ。

バスを降りてショッピングセンターに入るとまず巨大なフードコート、マカイ・マーケット（Makai Market）がある。数えきれないほどのテーブル席を囲むようにして約二〇軒の食べ物屋がずらりと並んでいるのには圧倒される。ラーメンのナニワヤ、和食のつるやヌードル、中華のパンダ・エキスプレス（Panda Express）、韓国料理のヤミー・コリアン・バーベキュー（Yummy Korean BBQ）、ハワイアンのアラモアナ・ポイ・ボウル（Ala Moana PoiBowl）にラハイナ・チキン

アラモアナ・
ショッピングセンター
Ala Moana Shopping Center

1450 Ala Moana Boulevard, #1113
Tel. 955-9517
9:30AM to 9:00PM
10:00AM to 7:00PM(Sunday)

（Lahaina Chicken）、イタリアンのスパロ（Sbarro Italian Eatery）にママズ・スパゲティ（Mama's Spaghetti）などなど、さて何を食べようかと本当に目移りしてしまう。

プレートランチ主体のセルフサービスなのでチップを気にすることもなく、日替わりで好きなものをチョイスできる。どれもこれもリーズナブルな安心価格だ。観光客、地元の家族連れや高校生グループなどでいつも混みあっている。

席を確保するのに空席に荷物を置いたりすると、目を離したすきに盗難にあう恐れがある。またブランド品のバッグが大切だからといって隣の席に置いて食事をするというのも迷惑なので気をつけたい。

あまりに巨大なショッピングセンターなのでなかなかその全貌が実感できない。私がいつも利用するのは海側にあるマクドナルド（McDonald's）と山側にあるL&Lドライブ・イン（L&L Drive Inn）、センターステージ近くのウォルデン・ブックス（Waldenbooks）、奥サンのTシャツを買うオールド・ネイビー（Old Navy）、娘たちへのお土産を探すディズニー・ストア（Disney

Store)、日用品を買うロングズ・ドラッグズ（Longs Drugs）、それに郵便局くらいのものだ。

センター内には日本語で書かれた案内板が数多く設置され、カスタマー・サービス・センターではお目当ての店の場所など日本語でいろいろ質問できる。また日本語の案内マップもあるので入手してから効率よくショッピングをしたい。案内マップに目を通すとアラモアナ・センターの規模の大変さがおぼろげながら理解できるかもしれない。

メイシーズ（Macy's）とシアーズ（Sears）のデパートに挟まれ、他にもニーマン・マーカス（Neiman Marcus）、ＪＣペニー（JC Penney）、白木屋と、合計五つのデパートがある。そのほか高級ブランドを含むアパレル・ショップは一階から三階までにおよそ四〇店が軒を並べている。また高級バッグなどの皮革小物が二〇店、アロハ・シャツなどのウエア専門店が一二店。子ども向けのアパレルは三店、ジュエリーが一五店、シューズが一〇店。ギフト＆アート二〇店、ブックス＆ミュージックが五店にホビー＆スポーツ一〇店。ビューティ・サロンが一〇店、台所用品が三店に眼鏡店が四店。

そしてレストランが九店にカジュアルなダイニングが一三店。一階中央にあるマカイ・マーケットには世界中の食べ物屋が約二〇店。そのほかにもアイスクリームやベーカリーなどの食料品専門店が一五店。カウンター・バーもある。その他にもロングズ・ドラッグズにフードランド、ABCストア、銀行、郵便局、何と市役所分室まである。

たくさんの人々がアラモアナ・センターを目指すのはショッピングだけが目当てではない。センター山側のバス・ターミナルがホノルル最大のトランジット・ポイントになっているので、とりあえずアラモアナ・センターまで来て、そこでさまざまな行き先のバスに乗り換える人が多い。カイルアに友人のいる人は五六番のカイルア／カネオへ（56 KAILUA/KANEOHE）か五七番のカイルア／シーライフ・パーク（57 KAILUA/SEA LIFE PARK）に乗車する。

カネオへのショッピングセンター、ウィンドワード・モール（Windward Mall）に遠征する人は、五五番カネオへ／サークル・アイランド（55 KANEOHE/CIRCLE ISLE）、五六番カイルア／カネオへ（56 KAILUA/KANEOHE）、または六五番カネオへ／カハルウ（65 KANEOHE/

KAHALUU）を利用する。

　ノースにあるハレイワ・タウン（Haleiwa Town）やサンセット・ビーチ（Sunset Beach）も五二番のミリラニ／ワヒアワ／サークル・アイランド（52 MILILANI/WAHIAWA/CIRCLE ISLE）で行くことができる。

アラモアナからホノルル港へ

ワイキキとアラモアナをつなぐ八番バスは観光客の入門路線で運行本数も多い。しかしアラモアナ・ショッピングセンターから西の地域は観光客の数が大幅に減ってしまうようだ。

アラモアナ・センターの西まで行動範囲を広げると、ワード・センター（Ward Center）やワード・ウエアハウス（Ward Warehouse）を中心とする広大なショッピング・エリア、ビクトリア・ワード・センターズ（Victoria Ward Centers）、アロハ・タワー（Aloha Tower）やホノルル港（Honolulu Harbor）周辺を再開発したショッピングモール、アロハ・タワー・マーケットプレイス（Aloha Tower Market Place）などがあり、ショッピングにも観光にもテリトリーを広げることができる。

クヒオ通りの山側バス停でとりあえず八番のアラモアナ・センター（8 ALA MOANA CTR）、またはは五八番ワイキキ／アラモアナ（58 WAIKIKI/ALA MOANA）に乗ってアラモアナ・センターまで来た場合、センター海側のアラモアナ大通りを西へ一〇分ほど歩けばよい。右前方にボーダーズ・ブックス（Borders Books Music & Cafe）が見えたらそこがワード・センターだ。しかし暑い中を歩いていくのは少々つらいかもしれない。

降りたバス停で五五番のカネオへ／サークル・アイランド（55 KANEOHE/CIRCLE ISLE）、五六番のカイルア／カネオへ（56 KAILUA/KANEOHE）、五七番カイルア／シーライフ・パークに乗り替えれば、バスはアラモアナ大通りを西に走っていく。三つめのバス停がワード・センター、四つめがワード・ウエアハウスの前だ。

乗り換えは面倒だという人は、クヒオ通りの山側バス停で一九番エアポート／ヒッカム（19 AIRPORT/HICKAM）、二〇番のエアポート／アリゾナ・メモーリアル／スタジアム／パールリッジ（20 AIRPORT/ARIZONA MEM/STADIUM/PEARLRIDGE）、四二番エワ・ビーチ（42 EWA

BEACH）に乗ればよい。これらのバスに乗れば、乗り換えなしでワード地区まで行ける。

アラモアナ・センターでバスを乗り換えるなら、クヒオ通りでバスに乗るときに運転手からトランスファー・チケット（transfer ticket）を貰っておこう。これがあれば乗り換えてからもう一度バス料金を払わなくてすむという便利なチケットだ。

例えばワイキキからアラモアナ・センターで乗り換えて郊外まで行くような場合、最初のクヒオ通りでバスに乗車して料金を払うときに運転手にトランスファー・プリーズと伝えてチケットを貰っておく。そうすればアラモアナ・センターのバス停で郊外行きのバスに乗るときにチケットを手渡せば無料で乗車できるという乗り換え用のチケットである。

短期滞在の旅行者には四日間有効のビジター用バス・パスが超お勧めだ。正式にはオアフ・ディスカバリー・パスポート（Oahu Discovery Passport）といわれるカード式のパスで、レンタ・カーを借りないバス派には必需品である。常に二ドルを用意する手間が要らないし、どこへ行くにも乗り放題でトランスファー・チケットをもらう必要がない。ＡＢＣストアで二〇ドルで売られているので簡単に購入できる。

ワード通り（Ward Ave.）とクイーン通り（Queen St.）に挟まれたアラモアナ大通り山側の広大なエリアには複数のショッピングセンターと娯楽施設が集まり、ビクトリア・ワード・センターズ（Victoria Ward Centers）を形成している。

アラモアナ・センターからもっとも近いのがワード・センター（Ward Center）で、東側にボーダーズ・ブックス（Borders Books Music & Cafe）がある。ハワイ関係の本やCDを探したあと、二階のブリュームーン・レストラン（Brew Moon Restaurant& Microbrewery）のビールで喉をうるおすのが最高だ。また一階にはプレートランチのカカアコ・キッチン（Kaka'ako Kitchen）、ファミリー向けのヤム・ヤム・ツリー（Yum Yum tree）、ピザやパスタのスクージーズ（Scoozee's）とカジュアルな食事を楽しめる店が並んでいる。

アウアヒ通り（Auahi St.）を挟んだワード・センターの山側にはワード・ビレッジ・ショップス（Ward Village Shops）がある。家具とインテリア雑貨の大型店ピア1・インポート（Pier 1 Import）で洒落た土産物を探すのもいいし、クレージー・シャツ（Crazy Shirts Outlet）でTシャツをディスカウント価格でゲットしたあと、クア・アイナ（KUA'AINA）でバーガーを食べるのもお薦めだ。

倉庫のような外観をした木造二階建てのワード・ウエアハウス（Ward Warehouse）はワード・センターの西側にある。七〇店ほどのブティックやショップ、レストランやファストフードが営業している。アイランド・ギター（Island Guitars）でギターやウクレレを眺めたり、エグゼクティブ・シェフ（Executive Chef）で素敵なキッチン雑貨を探すのも楽しい。ランチはL&Lドライブ・インのプレートランチ、サブウェイのサンドイッチ、またはオールド・スパゲティ・ファクトリー（Old Spaghetti Factory）のパスタなどで手軽に済ませられる。天気のよい日に朝から散策

ビクトリア・
ワード・センター
Victoria Ward Centers

1240 Ala Moana Blvd.,
Tel. 591-8411
10:00AM to 9:00PM
10:00AM to 5:00PM (Sunday)

ワード・センター、ワード・ウエアハウスは
アラモアナ・センターの西にある。

してアラモアナ・センターとは一味違った開放的な雰囲気を楽しみたい。

全部で一六のスクリーンが揃うという巨大なシネコン（Cinema Complex）、ワード・シアター（Ward 16 Theater）はワード・ウエアハウスの山側、ワード・エンターテインメント・センター（Ward Entertainment Center）の中にある。お目当ての映画の上映時間をチェックしてからスターバックス・コーヒーでお喋りを楽しんだあと、シアターで映画を観て帰るというのも充実したハワイ・ホリデイだ。ゆったりとした座席はスタジアムのように傾斜していて画面が見やすく、音響も申し分ない。

ワード・エンターテインメント・センターの西には日本食材が充実したマルカイ・マーケット（Marukai Market Place）のあるワード・ファーマーズ・マーケット（Ward Farmers Market）、その西隣にはスポーツ・オーソリティ（Sports Authority）や衣料品のロス・ドレス・フォー・レス（Ross Dress for Less）があるワード・ゲイトウェイ・センター（Ward Gateway Center）が続いている。

午後遅くアラモアナ・センターまでのんびりと歩けば八番バスで簡単にワイキキまで帰れる。歩くのは疲れて嫌だという人はアラモアナ大通りの横断歩道を渡って、向かい側のバス停で一九番、二〇番、四二番のバスを待つことになる。行き先表示はどれもワイキキ／ビーチ&ホテルズ（WAIKIKI/BEACH & HOTELS）なのでホテル近くのクヒオ通りで降りればよい。ただし運行本数が少ないので運が悪いとしばらくバス停で待つことになる。

アラモアナ・センターまで歩くにしてもワイキキまでのバスを待つにしても、辺りが暗くなる前に帰るようにしたい。

広大なワード・センター・グループを過ぎ、そのままアラモアナ大通りを西へ進むと右側にレストラン・ロウが見えてくる。レストランといっても実際は都会的な雰囲気のレストランやバー、ブティックにショップ、ディスコにシネコンからなるアミューズメント・スポットである。ただし黒っぽくて冷たい感じのするガラス張りの外観は何かしら近寄りがたく、最近は開放的なワード・グループに押され気味のようだ。ロコたちは週末などにディスコで盛り上がるのだろうか。

　レストラン・ロウは行きも帰りも一九番、二〇番、四二番のバスを利用すればよい。帰りはやはりアラモアナ大通りを渡った海側のバス停でバスを待つことになる。ハワイはクルマが右側通行なので横断には非常に注意を要する。横断歩道を渡るにしても左を見てから右を見てもう一度左を確かめる。もし時間があればレストラン・ロウからアロハ・タワーの周辺まで散策するのも楽しいかもしれない。歩いて一五分とかからない距離だ。

　レストラン・ロウを通り過ぎるとバスの進行方向にアロハ・タワー（Aloha Tower）が見えてくる。一九二六年に建てられたという一〇階建てのアロハ・タワーは豪華客船時代のホノルルのランドマーク（landmark）として知られ、今もその優美な姿を見る事ができる。ホノルルの歴史的建造物であり、豪華客船が本土から到着するたびにはるか彼方から観光客を出迎えた。当時は客船が入港するボート・デイ（Boat Day）に音楽隊とフラ・ガールズによる歓迎式が行われたという。ショッピングの前にはエレベーターでアロハ・タワーの最上階に上って眺望を楽しみたい。

バスを利用してアロハ・タワー・マーケットプレイスへ来る場合、降りるバス停はやや離れた場所になるので要注意だ。左前方にアロハ・タワー、その手前に変電所の建て物が見えて、バスがアラモアナ大通りからアラケア通り（Alakea St.）に右折したら、そこですぐに降りるようにする。バス停からアラモアナ大通りを渡って変電所の裏手にあるマーケットプレイスまで歩いて五分ほどだ。ホノルル港周辺の風景を見ながら、潮風の中を散歩するだけでも素敵な思い出になるかもしれない。

レストラン・ロウ
Restaurant Row

500 Ala Moana Boulevard
Tel. 538-1441

アロハ・タワー・マーケットプレイス
Aloha Tower Market Place

#1 Aloha Tower Drive
Tel. 566-2337
Monday through Saturday
9:00AM to 9:00PM
Sunday 9:00AM to 6:00PM

アロハ・タワー近くのバス停。
ホノルル港に豪華客船が停泊した時代に思いを馳せる。

アロハ・タワー・マーケットプレイスはホノルル港が目の前に広がる埠頭に造られたショッピングセンターで、六〇を超えるブティックやショップに一五ほどのレストランが集まっている。カジュアルなアロハシャツやウクレレ、コアウッド製品などハワイアン・テイストの店が多い。

正午から無料のフラ・ショーが開催されることもあるが、このプレイスの魅力は夕日を眺めながらのビールやディナーだと思われる。文字通りウォーター・フロントにあるゴードン・ビアーシュ（Gordon Biersch Brewery）は潮の風とともにビールを味わえる。可愛いフクロウがキャラクターのフーターズ（Hooters）でハンバーガーを食べながらのビールも美味い。

レストランは真夜中近くまで営業している店が多いので、このマーケットプレイスが盛り上がるのは夕方以降かもしれない。ハワイ・ホリデイを終えて、残念ながら明日は日本に帰国するという夜は、アロハ・タワーの下でハワイの歴史に思いを馳せつつビールを飲みたいものだ。

帰りのバス停は変電所の裏手にある。バス停の近くにはハワイの海の歴史を集めた博物館、ハワイ・マリタイム・センター（Hawaii Maritime Center）があり、ジョン万次郎の時代を垣間見ることができる。埠頭には豪華なクルーズ船が停泊していたりして、いかにも港のバス停といった雰囲気だ。そこで五五番、五六番、五七番のホノルル／アラモアナ（HONOLULU/ALA MOANA）行きに乗ってアラモアナ・センターまで行き、山側のバス停で八番のワイキキ／ビーチ＆ホテルズ（WAIKIKI/BEACH & HOTELS）に乗り換えてワイキキに帰る。

あるいは一五分ほど東へ歩いてレストラン・ロウの前にある海側のバス停へ行けば、一九番、二〇番のワイキキ／ビーチ＆ホテルズ（WAIKIKI/BEACH & HOTELS）でワイキキまで直通で帰ることもできる。

BIKE ROUTE
BUS
yuji

Section 4

カイルア、サークル・アイランド

五七番カイルア／シーライフ・パーク

人気の高いカイルア・ビーチ（Kailua Beach Park）で遊んだり泳いだりするのなら、わざわざ遠回りしてシーライフ・パークからワイマナロを経由して目指すことはない。アラモアナ・センター山側が始発の五六番のカイルア・カネオへ（56 KAILUA/KANEOHE）か五七番のカイルア／シーライフ・パーク（57 KAILUA/SEA LIFE PARK）に乗る方が早くて便利だ。ここではアラモアナ・センターの山側を出発して五七番でカイルア・ビーチまで行ってみよう。

バスは時計廻りにアラモアナ大通りに出るとセンター海側のバス停に停車し、その後しばらく西に向かって走る。右手にレストラン・ロウが過ぎて、前方にアロハ・タワーが見える辺りでバスはアラケア通りに右折してダウンタウンを北上していく。この辺りはハワイの政治、文化、そして経済の中心地であり、連邦、州、郡の出先機関や歴史的建造物が集まっている。

バスがパリ・ハイウェイ（Pali Hwy）に入って約一〇分で、カメハメハ四世の妃であったエマ女王が夏の別荘として使用していた離宮に近いバス停がある。一八四八年に建てられたというギリシャ風家屋の本体はボストンで組み立てられ、はるばる船でホノルルまで運ばれたものだ。離宮という言葉から想像するよりずっと小さいが、ラナイには高い円柱が数本立ちハワイ王朝の栄華をしのばせる。バス停からは少し離れた場所にあり判りにくいので、降車する場合はあらかじめ運転手にクイーン・エマズ・サマー・パラスと伝えておくと安心だ。

市街地ではなくホノルルの郊外を走るバスで目的地を乗り越したら大変だ。バス停からバス停まで非常に距離があり、しかも辺りには何もないという場所が多い。

郊外の観光地を目指す場合には事前にガイドブックでよく調べておくことはもちろん、そろそろ目的地に近づいたと思ったら、バスが停車したときにタイミングよく運転手にどこどこへ行きたいと伝えるのが賢明だ。目的地が遠方にある場合に乗車してすぐ頼むと運転手に負担をかける恐れがある。

バスの運転手はとても親切で、こちらのつたない英語を真剣に聞いてくれる。発音が心配な人

エマ女王の離宮
Queen Emma Summer Palace

2913 Pali Hwy
Tel. 595-3167
Daily 9:00AM to 4:00PM

は目的地をメモに書いて運転手に見せてもよい。ただし、運転手に話しかけたりメモを見せるのは停車中に限られる。走行中は安全第一なので話しかけるのは禁止されている。

イギリス人の血を受け継いだ美しいエマ女王は病院の建設などで社会に貢献し、庶民にも人気が高かった。緑豊かなヌウアヌ渓谷（Nuuanu Valley）にある夏の離宮はエマ女王が涼を求めてたびたび滞在したといわれる。歴史的建造物に指定されている建て物の内部にはコア材の家具、クリスタルのシャンデリア、ラウハラの敷物が残され、エマ女王の時代を伝える当時の衣装や日用品などのコレクションが展示されている。

エマ女王の離宮を過ぎるとバスはパリ・ハイウェイを飛ばしてヌウアヌ・パリ展望台（Nuuanu Pali Lookout）の標識を通り過ぎる。なぜかヌウアヌ・パリ展望台にはバス停がない。パリ・トンネル（Pali Tunnels）を抜けるとその直後に美しいカネオへ湾（Kaneohe Bay）が前方に小さく見え、オアフ島のウィンドワード（Windward）側に来たことが判る。

トンネルから一〇分ほど、小さな白い橋を渡って右手に自動車販売、左手にバーガーキング（Burger King）が見えたら、そろそろカイルアの町の中心部が近い。

五七番のカイルア／シーライフ・パークなら三角形のロータリーを右折したあとのバス停で降りればよい。

五六番カイルア／カネオへ行きのバスだとロータリーを左に折れてオネアワ通り（Oneawa St.）に入っていくので左折したあとすぐに降りないとカネオへ方面に向かってしまう。

とにかくカイルアの町の中心部にある三角形のロータリーを右折なり左折なりしたら落ち着いてバスを降りればよいので、それほど難しくはない。

カイルア・タウン *Kailua Town*

ホノルルのベッドタウンとして発展してきたカイルアの町はいかにもアメリカの田舎町といった感じで、静かで落ち着いた町並みは高層ホテルが密集するワイキキとはまったく異なった風情だ。ロータリーのある交差点にはガソリン・スタンドや銀行、CDショップ、マクドナルドやバーガーキングなどが集まっているが、それでもクヒオ通りの喧噪からは想像できない静けさだ。ロータリーを右折してすぐのバス停で降りて、そこで七〇番ラニカイ行き（70 LANIKAI）のバスを待つと、運がよければカイルア・ビーチパークの真ん前までバスで行く事ができる。しかし運が悪いとそのまましばらくバスを待つことになり、時間を無駄にしてしまう。七〇番のラニカイは運行本数が非常に少ないので、ビーチパークまでは歩いたほうが確実かもしれない。

カイルアの中心部からビーチパークまで歩くと、まず右手にロングズ・ドラッグズ（Longs Drugs）やメイシーズ（Maicy's）のあるカイルア・センター（Kailua Center）があり、カイルア通りを挟んだ左側にはタイムズ・スーパーマーケット（times）、ブックエンズ（Book Ends）、バスキン・ロビンス（Baskin & Robins）などが入居しているカイルア・ショッピングセンター（Kailua Shopping Center）が見える。どちらのセンターも地元の人たちが利用する実用品店や気取らないレストランが多い。ビーチパークで遊んだ帰りに時間があれば気軽に立ち寄ってみたい。

右手に学生向けのアパートが立ち並び、左側にカイルア・フィールド（Kailua Field）という広い運動場が見えると、その先に信号のある三叉路がある。ビーチパークへ行くにはここで左に曲がってしばらく通り沿いの遊歩道を歩く。

すこしでも早くビーチパークを目指したいなら五七番バスに乗ったままカイルア通りをしばらく東へ進み、信号のある三叉路を過ぎたバス停で降りると歩く距離が少なくてすむ。つまりカイルア通りが海に向かう入り口でバスを降りるという訳だ。そのあとバスはまっすぐワナアオ通り（Wanaao Rd.）を走っていく。

遊歩道を歩いていくと左右の住宅には広い芝生の庭に星条旗が掲げてあったり、バスケットの網があったり、ボートが置いてあったりする。広い庭先にクルマが数台ずつ置いてあるのは、ど

夢のような景色の広がるカイルア・ビーチは
バス停後方の丘の向こうに広がっている。

こへ行くにもクルマを使う生活を思わせる。そういえば道路を歩いている人を見かけない。道の左側には等間隔で背の高い針葉樹が植えられている。

緑の多い閑静な住宅地を歩いていくと、やがて左手にカイルア・ビーチセンター（Kailua Beach Center）が見えてくる。ミニ・マート（Mini Mart）やプレートランチの店、スポーツ用品店やカヤックなどのアクティビティーを扱う店がある。立ち寄って軽食や飲み物、その他必要なものを購入したい。ビーチセンターからビーチパークまではあと五分ほどだ。

カイルア・ビーチパーク *Kailua Beach Park*

広い無料駐車場に続く小高い芝生の公園の向こうに、真っ白な砂浜と深い青色の海が待っている。カイルア・ビーチパーク（Kailua Beach Park）にはシャワー、トイレ、更衣室、売店などが備わっていて、もちろん誰でも無料で利用できる。日本の海水浴場の騒々しい景気づけの音楽は全く聞こえない。かすかに聞こえてくるのは波の音と鳥のさえずり、それに小さな子どもたちの歓声だけだ。静かな住宅地に隣接した、宝石のようなビーチに感動してしまう。

美しい景色に囲まれたカイルア・ビーチはウィンド・サーフィンのメッカで、週末にはたくさんのカラフルな帆が青い海にはためく。ただ必要以上に風が強い日もあり、ビーチの細かい砂が舞い上がってしまう。砂浜を囲むようにして針葉樹の防砂林が数多く植えられている。ビーチでは地元の家族連れが子どもを遊ばせているところに観光客がお邪魔しているという感じで、ワイキキとは一味違うローカルな雰囲気だ。

カイルア・ビーチパークからの帰りはビーチパーク前のバス停で七〇番のカイルア／マウナウィリ（70 KAILUA/MAUNAWILI）に乗り、カイルアの中心部で降りる。そしてバーガーキング前のバス停で五六番、五七番のホノルル／アラモアナ（HONOLULU/ALA MOANA）に乗ればよい。ビーチパークからカイルアの町まではのんびりと歩いてもよい。途中でカイルア・ビーチセンターに立ち寄り冷たいジュースを飲んだりするのも楽しい。信号のある三叉路まで歩けば、そのあとカイルア通りのバス停で運よく五七番のバスに乗れることもある。

カイルアからアラモアナ・センターまでは四〇分ほどで到着する。終点まで眠ってしまう人が多いが、盗難には車内でも常に注意が必要だ。また時間に余裕をもって帰るようにしたい。

五五番カネオヘ／サークル・アイランド

アラモアナ・センター山側のバス・ターミナルが始発の五五番カネオヘ／サークル・アイランド（55 KANEOHE/CIRCLE ISLE）は全行程が約一五〇キロ、アラモアナまで帰ってくるのに四時間はかかるという長距離路線だ。ダウンタウンからパリ・ハイウェイを北上してカネオヘの町を通り、反時計廻りにオアフ島の東半分を一周する。

オプショナル・ツアーでよく名前を聞くクアロア牧場（Kualoa Ranch）、ポリネシア文化センター（Polynesian Cultural Center）、オアフ島の最北部に位置するタートル・ベイ・リゾート（Turtle Bay Resort）、ノース・ショア（North Shore）のサンセット・ビーチ（Sunset Beach）やワイメア・

フォールズ・パーク（Waimea Falls Park）、風情ある田舎町ハレイワ（Haleiwa）、また内陸部のドール・プランテーション（Dole Plantation）などはすべてこのルート沿いにある。

五二番のミリラニ／ワヒアワ／サークル・アイランド（MILILANI/WAHIAWA/CIRCLE ISLE）は五五番と同じようにアラモアナ・センターを出発してほぼ同じルートを走るが、時計廻りである。従ってドール・プランテーションやハレイワ・タウン、サンセット・ビーチ、ワイメア・フォールズ・パークが目的地なら五二番に乗ったほうが早く着くことになる。

オアフ島の最北部、ワイキキのちょうど正反対に位置するタートルベイリゾートが五五番バスと五二番バスの中継点になっている。バスはここでしばらく停車したあと、五五番は五二番に、五二番は五五番にルート表示を変えてから出発していく。つまり反時計廻りのバスはアラモアナ・センターまで反時計廻りに運行し、時計廻りのバスは最後まで時計廻りに走る。ルート上ではタートル・ベイの東側を往復するバスが五五番で西側を往復するのが五二番ということになるが、バス自体は来た道を戻るというシステムではない。

五五番カネオヘ／サークル・アイランドは五六番カイルア／カネオヘ、五七番カイルア／シーライフ・パークと同じようにダウンタウンからパリ・ハイウェイを北上する。パリ・トンネルを抜け、急に右、左と山道を大きくカーブしたあと、バスは大きな交差点を左折する。これがカメハメハ・ハイウェイ（KAMEHAMEHA HWY）だ。五六番バスがカイルア経由でカネオヘに向かい、五七番バスがカイルアからワイマナロ方面へ向かうのに対し、五五番のバスだけがカメハメハ・ハイウェイを左折して直接カネオヘを目指し、そのあとオアフ島東側の海岸沿いを最北端のタートル・ベイ目指して走る。

カメハメハ・ハイウェイに入ると、しばらくして道の両側が何となく賑やかになってくる。カネオヘの町だ。カネオヘの中心部といえばやはりウィンドワード・モール（Windward Mall）のある辺りだろう。バスはスター・マーケットやロングズ・ドラッグズ、中華料理の東宛が見えるカネオへ・ベイ・ショッピングセンター（Kaneohe Bay Shopping Center）の前で停車する。バス停の向かい側、ハイウェイの横断歩道を渡ると左にジッピーズ、右にメイシーズの白い建て物が見える。そこがウィンドワード・モールだ。オアフ島でアラモアナ、パールリッジに次ぐ三番目の規模を誇る巨大なショッピングセンターである。

ウィンドワード・モール
Windward Mall

46-056 Kamahameha Hwy
Tel. 235-1143
10:00AM to 9:00PM
10:00AM to 5:00PM(Sunday)

デパートの他にも、ディズニー・ストア（Disney Store）やローカル・モーション（Local Motion）、ギャップなどアラモアナ・センターと同じような洒落たショップがたくさんある。フードコートでのんびり食事をしているとワイキキから遠く離れたカネオヘにいることを忘れそうになる。ただし店内で日本語はまず通じないし、そもそも日本人観光客をあまり見かけない。やはりアラモアナ・センターとは異なる雰囲気だ。トイレは二階、寿司店のある通路の奥右側にある。

表に出るとコオラウ山脈（Koolau Range）の険しい山に雲がかかっていて、オアフ島のウィンドワード側にいることを実感する。ワイマナロやカイルアからもここまでクルマで買い物に来るのだろうか。観光客には穴場的なモールといえるかもしれないが、ワイキキから少々遠いのが難点だ。

バスはカメハメハ・ハイウェイから左折してウィンドワード・モール沿いのハイク通り（Haiku Rd.）に入ると、すぐに右折してアラロア通り（Alaloa Rd.）を走る。カネオへの住宅地を通り抜けて再びカメハメハ・ハイウェイに出るとカネオヘ湾に沿って北上していく。車窓からは青い海にもっこり浮かぶモコリイ島（Mokolii Island）、通称チャイナマンズ・ハット（Chinaman's Hat）などの小さな島々が見える。まるで絵葉書のような素晴らしい景色が右側の海岸線に続く。ところが左に目をやるとコオラウ山脈の険しい山肌がすぐ近くまで迫り、中腹に雲がかかっていて薄暗く、何とも対称的な景色になっている。

カネオへのウィンドワード・モール向かいのバス停では
屋根に表示が打ち付けてあった。

バスはぐんぐんと北上し、クアロア牧場、ライオン岩、いくつかのビーチパークを通り過ぎて、少々眠くなりかけたところで、ポリネシア文化センター（Polynesian Cultural Center）に着く。左手に広大な駐車場が見えるが、バスはその中には入らず道路右側の質素なバス停に止まるだけだ。従って、もうそろそろ近いと思ったとき運転手にポリネシアン・カルチュラル・センターで降りたいと伝えたほうが安心だ。

アラモアナのバス・ターミナルを出発してからすでに一時間四〇分が過ぎている。はるか遠くまで来てしまった。ハワイ最大のエンターテインメント・パーク、観光客向けオプショナル・ツアーで人気のあるポリネシア文化センターはこんな遠くにあったのだ。

バスを降りて横断歩道を渡る。センター正面の右手にある草ぶき小屋は反対廻りの五二番ミリラニ／ワヒアワ／サークル・アイランドのバス停だ。広い駐車場に挟まれた中央部に芝生に囲まれた噴水があり、右側にはハワイの歴史を表わす国旗が数本掲げられている。噴水の奥に巨大な建て物があり入場券売り場とエントランスが見える。

ポリネシア文化センターのあるライエ（Laie）の町はハワイのモルモン教団の中心地である。一九一九年にソルトレイク・シティのモルモン寺院（Mormon Temple）のハワイ分院がライエに建てられ、その後ブリガム・ヤング大学（Brigham Young University）ハワイ分校を経営するようになる。

一九六三年に教会は観光客向けにポリネシア文化センターを設立し、大学の学生たちに運営を

ポリネシア文化センター
Polynesian Cultural Center

55-370 Kamehameha Hwy
Tel. 293-3333
12:30PM to 9:00PM(Monday-Saturday)
Closed:Sunday,Christmas Day,
Thanksgiving Day

任せた。つまり民族衣装を着て出迎えたり、場内を案内したり、アトラクションを演じるのはブリガム・ヤング大学の学生たちで、ポリネシア文化の理解を深めながら学資を稼ぐというユニークな非営利組織である。それでも年間九〇万人の観光客が訪れる人気を保っているという。

ポリネシア文化センターは東京ドームの約三倍といわれる広大な敷地の中にハワイ、タヒチ(Tahiti)、サモア(Samoa)、マオリ(Maori)、フィジー(Fiji)などのポリネシア七諸島の村を再現し、各地の工芸品や伝承遊戯、音楽やダンスを紹介している。またラグーンのカヌーで上演される水上ショー、巨大なスクリーンのIMAX映画、園内の川をボートで下るツアーなども楽しめるハワイ最大級のテーマパークである。

夕方になるとルアウ料理のディナーを食べるが、禁欲的なモルモン教の教えに従いアルコール類は一切置いていない。ストレスの多い日本を離れてハワイでビールをガブ飲みしている人には物足りないかもしれない。

夕食後のポリネシアン・ショーは、九〇分にわたって古代フラから現代フラ、タヒチアン・ダ

広大なポリネシア・センターの向かい側には
一般的な住宅が並んでいる。

ンス、サモアのファイヤー・ダンスなどが野外劇場で繰り広げられる。火山が噴火したり色鮮やかな噴水が上がったりの豪華なショーで、場面構成から音響効果まで楽しめる。

ショーが終了するのは夜九時ごろなので、その後バスでワイキキまで帰ってくるのは心細い。最後まで楽しむならオプショナル・ツアーのほうが安心だろう。ただしツアーの帰着時間は午後一一時ごろになるので、小さな子どもには少々つらい。また夕食後は冷えてくるので長袖の上着が必需品だそうだ。

ポリネシア文化センターのバス停を発車すると、バスはやがて海沿いから離れ内陸部を走る。しばらく走ると右折して細い道に入る。バスの左右に緑の芝生が広がり何となくリッチな雰囲気になる。徐行してバンプ（bump）を通りすぎ、そのあと踏切のようなゲートをくぐるので何やら一般道とは異なった感じだ。入ってきた狭い道はクイリマ通り（The Links at Kuilima）という名前で、この突き当たりに高級ホテル、タートル・ベイ・リゾート（Turtle Bay Resort）が海に面して建っている。

タートル・ベイ・リゾートはオアフ島の最北端に位置する高級リゾート・ホテルで、ビーチ、乗馬、テニス、ジムなどの各種スポーツ施設が広大な敷地内に備わっている。宿泊客でなくても利用できるスポーツ施設もあるようだ。あるいはホテル内のレストランで軽く食事をするのも素敵な思い出になる。ただしあまりラフな格好では恥ずかしいかもしれない。

以前はホテル近くのバス停まで乗り入れたので、波の静かなタートル・ベイで軽く泳ぐこともできたが、現在はクイリマ通りに右折してすぐのバス停までしか入らないようだ。ホテルのレストランを利用する人はしばらく歩かなくてはならないのだろうか。

このバス停が一応の終点なのでバスはここでしばらく停車する。乗ってきた五五番カネオへ／サークル・アイランドはルート番号を五二番、行き先表示をホノルル／アラモアナ（52 HONOLULU/ALA MOANA）に変えてノース・ショア（North Shore）沿いに西へ向かって走る。引き続きオアフ島を一周するならそのまま乗っていればよい。

来た道を戻りたいのならルート番号が五五番のホノルル／アラモアナ（55 HONOLULU/ALA MOANA）に乗る。

タートル・ベイ・リゾート
Turtle Bay Resort

57-091 Kamahameha Hwy
Tel. 293-8811

五二番ホノルル／アラモアナ

五五番のカネオヘ／サークル・アイランドから五二番ホノルル／アラモアナ（52 HONOLULU/ALA MOANA）に行き先表示を変えたバスがタートル・ベイ・リゾートのアクセスから再びカメハメハ・ハイウェイへ出ると、また窓の右側に海が見えるようになる。この辺りがサーファーのメッカ、ノース・ショア（North Shore）である。波の高さで有名なサンセット・ビーチ（Sunset Beach Park）近くにはクルマもたくさん停めてあり、波の中に色とりどりのサーフボードが見え隠れする。荒々しい波はワイキキやアラモアナのビーチでは見られないノース特有のものだ。

ワイメア・フォールズ・パーク（Waimea Falls Park）入り口と書かれたサインが見える。ワイメ

古くて小さな田舎町ハレイワは
オアフ島でも独特の雰囲気に包まれている。

ア・フォールズ・パークが目的地の人はやはり運転手に伝えておいたほうがよい。バス停から小さな川沿いの道を山のほうへ歩かねばならない。

ハレイワ・タウン *Haleiwa Town*

さて、そろそろハレイワの町だ。アナフル川（Anahul River）にかかるアーチのついた年代物のレインボー・ブリッジ（Rainbow Bridge）を渡る。ハワイ島ヒロのワイルク川に架かる橋を思わせる。右手にボート・ハーバーが広がっている。この辺りがハレイワの町の東端だが、バスを降りるのはその次のバス停辺りでもよい。ハレイワの町はカメハメハ通り（Kamehameha Ave.）に沿って細長く、アナフル川を渡ったあとに全部で五つのバス停がある。

ハレイワのショップはほとんどがカメハメハ通り沿いにある。バスを降りて歩くとシェイブ・アイス（shaved ice）の看板が目に入る。トタン屋根の古い雑貨屋マツモト（Matsumoto's）だ。少し離れたアオキ（Aoki's）とともにハレイワの名物、かき氷を販売している。店先では何人もの観光客が集まって色鮮やかなかき氷をガリガリと食べている。

カメハメハ通りから離れた左側に緑に囲まれたリリウオカラニ教会（Liliuokalani Church）が見える。白い壁に茶色の尖塔がついた小さなプロテスタント教会だ。リリウオカラニ女王は夏の間ハレイワに滞在し、ときおり礼拝に参列したという。教会は一八三二年に設立されたが現在の建て物は一九六一年に造られたものだそうだ。

そのまま通りの左側を歩いていくとクジラの看板のワイランド・ギャラリー（Wyland Galleries）、続いてフジオカ・マーケット（Fujioka Market）があり、向かい側にはハレイワ・ショッピング・プラザ（Haleiwa Shopping Plaza）が見える。プラザの中にはハレイワ・スーパー・マーケット（Haleiwa Super Market）がある。

なおも左側を歩いていくとハンバーガーとフィッシュサンドで有名なクア・アイナ（KUA'AINA）がある。やがてノース・ショア・マーケットプレイス（North Shore Market Place）があり、中にはコーヒーとペストリーのコーヒー・ギャラリー（Coffee Gallery）やメキシコ料理にビールが美味いコロズ（Cholo's）が待っている。マーケットプレイス内には公衆トイレもある。

町中のところどころにカフェやハンバーガー、フライドチキンなどの気軽な店があるので、疲れたら腰掛けて休憩がてらに軽い食事をとればよい。わざわざ飛行機でネイバーの島へ行かなくても、ハレイワは静かで落ち着いたハワイの田舎町を垣間見せてくれる。

さて、バスを待って出発だ。フジオカ・マーケットの向かいかノース・ショア・マーケットプレイスの向かいがいいだろう。通りの反対側のバス停で待つと同じ五二番でもタートル・ベイに戻ってしまうので方向音痴の人は気をつけよう。

間違いなく五二番ホノルル／アラモアナ（52 HONOLULU/ALA MOANA）に乗ってハレイワの町を出発するとすぐにウィード・サークル（Weed Circle）という環状交差点があり、バスは廻り込むように左に曲がる。ここから先は内陸部をひたすら南下するので海は見えなくなる。

ドール・パイナップル・パビリオン（Dole Pineapple Pavilion）に立ち寄る人は、ハレイワで乗

ドール・プランテーション向かいのバス停は
辺り一面が赤い土で覆われている。

車する際に運転手に伝えておかないと乗り越してしまう恐れがある。

ドール・パイナップル・パビリオンは広大なパイナップル畑の広がるオアフ島中央部にある。歴史は古く一九〇〇年七月二八日創業とあり、最初は果物即売スタンドだった。現在は熟成したパイナップルの他にパイナップル・アイスクリームが人気商品である。

バスを降りると横断歩道を歩いてビジターセンターに向かうが、どのクルマもかなりのスピードを出しているので横断には注意が必要だ。歩行者が立っているからといって減速したり一旦停止するクルマはまず見当たらない。

赤い屋根のビジター・センター内部はギフトショップになっていて、さまざまなパイナップル・グッズが販売されている。胸元に「DOLE」と印刷されたTシャツ、パイナップル缶のラベルを復元した絵葉書など、ワイキキではまず手に入らない商品が所狭しと並んでいて思わずわくわくしてしまう。店内の奥には清潔なトイレがあるのでトイレ休憩にも便利だ。

すぐ隣にはギネス・ブックに世界最大と認定されたハイビスカスの生け垣による迷路がある。子ども連れなら一度は挑戦してみるのも楽しいかもしれない。

さて、降りたバス停から再びバスに乗るとアラモアナへ帰るコースが待っている。ドール・パイナップル・パビリオンからアラモアナ・センターまでは約一時間三〇分。途中で見るべきものはあまりなく、左右には荒涼としたパイナップル畑が続く。バスはミリラニ（Mililani）からH2、H1を乗り継いでただひたすら南下し、パールシティ（Pearl City）を目指す。カリヒ通り（Kalihi St.）からキング通りを東に走ればアラモアナ・センターはもうすぐだ。

ドール・
パイナップル・パビリオン
Dole Pineapple Pavilion

64-1550 Kamehameha Hwy
Tel. 621-8408
9:00AM to 6:00PM(Visitor Center)
9:00AM to 5:30PM(Maze)

BUS
yuji

Section 5

ハワイ大学とホノルル歴史探訪

四番ヌウアヌ／ドウセット・アベニュウ

ワイキキからハワイ大学マノア校（University of Hawaii at Manoa）を訪れるには四番バスのヌウアヌ／ドウセット・アベニュウ（4 NUUANU/DOWSETT AVENUE）が便利だ。クヒオ通り山側のバス停から乗車する。行き先の表示がヌウアヌ／パウオアロード（NUUANU/PAUOA RD）やキング・ストリート（KING ST）となっているのもあるがハワイ大学までのルートは同じなので四番ならどれでもよい。運行本数は平日なら約一五分に一本と結構多い。

バスはクヒオ通りを西に進み、まっすぐカラカウア通りに出るとすぐに右折してマッカリー通り（McCully St.）に入っていく。アラワイ運河の橋を渡り、カピオラニ通り（Kapiolani St.）との交差点に出ると左手前方にマッカリー・ショッピングセンター（McCully Shoping Center）を見ながらもう一度右折する。

マッカリー・ショッピングセンターは思ったより規模が小さいので、買い物目当ての観光客はがっかりするかもしれない。クルマで乗り付ける地元の客を相手にした庶民的な食べ物屋が多い。とんカツ、焼肉、タイ料理、タコベルなど、ワイキキの観光客用レストランとはまた違ったローカルな雰囲気で食事ができる場所だ。

バスはカピオラニ通りを東に進み、しばらくすると左折してユニバーシティ通り（University Ave.）に入り北へ上っていく。この辺りになると雰囲気がいかにも学生街らしくなり、学生向けアパート、レコード店や映画館、ファストフード店が左右に見られる。キング通り（King St.）を横切ってＨ１の高架をくぐったらそろそろ降車の用意をする。

ハワイ大学の敷地は広大で、バス停も二つある。一つめのバス停はドール通り（Doll St.）を横切ってすぐのところにあり、道の両側に古びた石のアーケードが立っている。これがハワイ大学の正門らしい。

右側に大学構内の広大な緑の芝生が続き、次のバス停は芝生に入り込むような形で少し構内に入る。ここらが大学の入り口らしいが、ハワイ大学全体が塀や柵などのない開放的なキャンパスなので、結局どこからでも勝手に入れるようだ。

目指すキャンパス・センター、ブックストアやカフェテリアまでは広大な敷地を適当に散策することになる。誰でも自由に構内を歩けるので、観光客だからといって遠慮することはない。大学生協でＵＨのロゴ入りシャツやロゴ入りバッグを土産に求める人が多いようだ。

ハワイ大学
University of Hawaii at Manoa

2600 Campas Road
Tel. 956-8975

ハワイ大学構内に入っていくバス。
大学には日本からも数多くの学生が留学している。

ハワイ大学は一九〇七年に設立されたハワイ州立大学である。ハワイ島のヒロ（Hilo）とウエストオアフ（West Oahu）に分校があるが、何といってもマノア本校が母体である。マノア本校の学生数は二万人弱。大学構内は開放的な雰囲気の中にも、学問への真摯な取り組みが感じられて素晴らしい。日本人学生も四〇〇人ほど在籍しているそうで、何やら頼もしくなってくる。

ハワイ大学はさらに七つのコミュニティ・カレッジ（community college）を有し、ハワイ大学群（UH System）を形成している。コミュニティ・カレッジは二年制の州立短大で、専門学校のような実用的な科目が数多く用意されている。

日本人留学生に人気の高いコミュニティ・カレッジとして、ダイヤモンド・ヘッド近くにあるカピオラニ・コミュニティ・カレッジ（Kapiolani Community College）が挙げられる。緑で覆われた五二エーカーという広大なキャンパス、ワイキキからもバスで通学できるという手軽さがその理由だ。しかし入学するにはトフル（ＴＯＥＦＬ：Test Of English as a Foreign Language）のスコア四五〇点が要求されるので、入学前にかなりの英語力が必要となる。

カピオラニ・コミュニティ・カレッジに直接入学するのが無理でも、正規入学準備コースとして一六週間にわたる英語集中コースがある。これは集中移行プログラムと呼ばれるが、それでもトフル四〇〇点は要求される。逆に考えれば、日本にいるうちに英語と英会話を何とか勉強してトフル四〇〇点を取れば道は開けるということだ。

憧れのハワイで英語を勉強しようとしても、トフルの最低要求基準のない語学学校に入学すると、何とクラスの全員が日本人なんてことがよくある。ハワイへ行けば何とかなる、という甘い考えでは得られるものが少ないと覚悟したほうがよいようだ。

また、ハワイ大学が主催する英語集中プログラム（ＥＳＬ：English as a Second Language）としてヘルプ（ＨＥＬＰ：Hawaii English Language Program）とナイス（ＮＩＣＥ：New Intensive Courses in English）が有名だ。

ハワイ大学の英語集中プログラムは日本人に人気が高く、研修生の年齢層は幅広い。スピーチコンテストなどを通じてハワイ大学の学生とも交流する機会があるそうだ。ただし、こちらのプログラムも宿題や課題をこなすには予習や復習が必要で、本気で勉強するという気構えで臨みたい。

ワイキキへ帰るバス停は、ユニバーシティ通りの大学前で降りたバス停の斜め向かいにある。ホノルル空港前の茶色のバス停によく似ているバス停だ。ここから四番のユニバーシティ／ワイキキ（4 UNIVERSITY/WAIKIKI）に乗ればクヒオ通りまで直通で帰れる。ただ大学の休日には行きも帰りも運行本数が少なくなる。大学の雰囲気に触れたいのなら平日のお昼前後に訪れたい。

同じバス停で六番パウオア行き（6 PAUOA）に乗ると、アラモアナ・センターを経由したあと、ダウンタウンを通り抜け、郊外の住宅地パウオアを目指す。このバスに乗れば帰りはアラモアナ・センターでショッピングして八番バスでワイキキに帰ることもできる。

ハワイ大学からワイキキに帰るバス停。
正面の高架の向こうにはアラワイ運河がある。

ハワイ大学まで乗ってきた四番のヌウアヌ／ドウセット・アベニュウ（4 NUUANU/DOWSET AVENUE）はハワイ大学前のバス停を過ぎるとすぐに左折してH1の北側のワイルダー通り（Wilder Ave.）を西に向かう。そのあとパンチボウルの丘（Punchbowl）の手前で南下し、ダウンタウン（Downtown）を走り抜ける。州政庁（State Capitol）やイオラニ宮殿（Iolani Palace）近くを通り、バスはそのあとヌウアヌ通りをまっすぐ北へと走っていく。

クヒオ通り山側のバス停で四番バスに乗れば乗り換えなしでフォスター植物園（Foster Botanical Gardens）やエマ女王博物館へ行けることになる。ハワイ大学経由の小旅行だ。

二番スクール／ミドル・ストリートから空港へ

アラモアナの西、キング通りやパンチボウル通り周辺のダウンタウンは州政庁舎（State Capitol）、州知事公舎（Washington Place）、市役所（HonoluluHale）、州立図書館（Hawaii State Libraly）などの官公庁が集中しているハワイ州あるいはオアフ島の政治、文化、経済の中心地である。

そしてダウンタウンの高層ビル街を囲むようにして、東にイオラニ宮殿（Iolani Palace）とカメハメハ大王像（Great Kamehameha Statue）、南にホノルル港（Honolulu Harbor）とアロハ・タワー（Aloha Tower）、西にチャイナタウン（Chinatown）と、さまざまな歴史的建造物が散在している。

ワイキキからダウンタウンへ行くには八番バスでとりあえずアラモアナ・センターの山側まで行って乗り換えるのが一般的だ。一一番と一二番、四〇番と四三番、それに五二番から五五番と五七番がダウンタウンを通っていく路線なので、ほとんど待たずに乗り換えられる。

ワイキキから乗り換えなしでダウンタウンを目指すにはクヒオ通りの山側バス停で二番のスクール／ミドル・ストリート（2 SCHOOL/MIDDLE ST）か一三番のリリハ／プウヌイ・アベニュウ（13 LILIHA/PUUNUI AVENUE）、あるいはイクスプレスB（B CITY EXPRESS! MIDDLE）のどれかに乗ればよい。それらのバスはモンサラット通りのバス・ターミナルを出発してクヒオ通りを西へ走り、そのあとカラカウア通りを北進してアラワイ運河を渡る。そしてまっすぐ突き当たりのベレタニア通り（S.Beretania St）まで走り、左折して西へ向かう。これらの路線の特徴はやはりダウンタウンの州政庁やイオラニ宮殿、チャイナタウンなどを訪れるのに便利な点である。

またイオラニ宮殿やダウンタウンへは別のルートでも乗り換えなしで行ける。クヒオ通りで一九番エアポート／ヒッカム（19 AIRPORT/HICKAM）、二〇番エアポート／アリゾナ・メモーリアル／スタジアム／パールリッジ（20 AIRPORT/ARIZONA MEM/STADIUM/PEARLRIDGE）、または四二番のエワ・ビーチ（42 EWA BEACH）に乗ればよい。それらのバスはアラモアナ・センターの海側バス停を経由してワード・センターズ、レストラン・ロウを過ぎ、バスはアラモアナ大通りからアラケア通りに右折して北上していく。アラケア通りとキング通りの交差点辺りのバス停で降りれば、そこはダウンタウンの真ん中であり、イオラニ宮殿やチャイナタウンも近い。

またクヒオ通りのバス停で四番のヌウアヌ／ドウセット・アベニュウ（4 NUUANU/DOWSET AVENUE）に乗っても、少し遠回りになるがハワイ大学を経由してダウンタウンを通る。

ここではクヒオ通りで二番のスクール／ミドル・ストリート（2 SCHOOL/MIDDLE ST）に乗って、ダウンタウンに散在するさまざまな史跡を訪ねてみよう。二番のバスはおなじみのアラモアナ方面へは行かないのが特徴だ。

クヒオ通りを西へ向かったあと、カラカウア通りを北へ走ってアラワイ運河を渡り、そのまま北進していく。右手にハードロック・カフェ（Hard Rock Cafe）、左側にハワイ・コンベンション・センター（Hawaii Convention Center）があり、ダイエーの裏辺りを過ぎると、さらにキング通りを横切って直進していく。やがて突き当たりのベレタニア通りにぶつかるとバスはそこで左に折れてはるか西へと走っていく。

西行きの幹線道路ベレタニア通りは五車線の一方通である。カラカウア通りから左折してしばらく走ると右側にカアフマヌ小学校（Kaahumanu Elem. School）が見え、次の信号の教会を過ぎた先にホノルル美術館のベージュの壁に茶色の屋根が見えてくる。建て物自体が何となくハワイ風のデザインになっている。

クック夫人の個人的なコレクションをもとに設立されたホノルル美術館（Honolulu Academy of Arts）はワイキキからバスで二〇分ほどの距離だ。一九二七年に開館されたハワイを代表する美術館には、アジア、ヨーロッパと太平洋地域から集められた四万点近い芸術作品が展示されている。興味深いのは正面玄関を入って左手にあるアジア展示室（Asian Galleries）だろう。日本の浮世絵、屏風絵、絵巻物、漆器などが並んでいる。また中国、インド、インドネシア、フィリピンの絵画や美術工芸品も展示されている。

玄関の右手にはヨーロッパ美術（Western Collection）の展示室があり、中でフランス印象派の作品群が素晴らしい。セザンヌ、モネ、ゴーギャン、ピサロ、ゴッホの絵画に圧倒される。二階のシアターでは映画フェスティバルやコンサートなどの催し物が行われていることも多い。また館内にはアカデミー・ショップ（Academy Shop）と呼ばれるギフトショップがあり、工芸品や画集、絵葉書、Tシャツ類などが用意されている。カフェテラスで軽い食事を取ることもできる。

美術館の向かいには木陰にベンチが置かれたトーマス・スクエア（Thomas Square）という公園がある。美術館を出たあとワイキキへ帰るにはこのトーマス・スクエアを横切って二ブロック離れたキング通りのバス停まで歩かねばならない。ベレタニア通りが西向きの一方通行なのに対し、南側を並行して走るキング通りが東向きの一方通行となっている。

ホノルル市街を東西に走る二本の幹線道路、西へ向かうベレタニア通りと東へ向かうキング通りをうまく使いこなせば行動半径はぐんと広がってくるだろう。

ホノルル美術館
Honolulu Academy of Arts

900 S. Beretania Street
Tel. 532-8700
10:00AM to 4:30PM
1:00PM to 5:00PM(Sunday)
Closed Monday

ベレタニア通りのホノルル美術館の近くのバス停。
ベレタニア通りは西行きの一方通行だ。

ホノルル美術館を過ぎてなお西に向かうと、左にホノルル警察、右に水道局、クイーンズ病院と続き、パンチボウル通りを横切ったところにバス停がある。近くに州保健所やウォー・メモーリアル、ワシントン・プレイスがあり、道路を渡った向かい側が州政庁、その裏手にはイオラニ宮殿がある。

州知事の公邸として使用されているワシントン・プレイス（Washington Place）は、かつてリリウオカラニ女王が暮らしていた。カラカウア王の妹であるリリウオカラニは音楽的な才能に恵まれ、アロハ・オエ（Aloha Oe）の作曲者としても知られている。民衆に愛されたリリウオカラニ女王だったが、ハワイ合併を企むアメリカの執拗な圧力に屈し、ついにハワイ王朝の女王の座を追われてしまう。兄のカラカウア王がサンフランシスコ滞在中に急死したのも、毒殺されたのではないかという噂がたつほど激動の時期だった。

ハワイ人王党派の武力決起が鎮圧されると、リリウオカラニ女王は逮捕、監禁され、ついに廃位宣言に署名してしまう。私人としてワシントン・プレイスに帰ったリリウオカラニは一九一七年に亡くなるまで民衆の心の中で熱狂的に支持され続けた。
ワシントン・プレイス内部には調度品や宝飾品、それに楽器が当時のまま置かれている。それらは特別な場合を除いて一般公開されていないが、ワシントン・プレイスの外観と美しい庭園に往時をしのぶことができる。

ワシントン・プレイス
Washington Place

320 S.Beretania St.
Tel. 538-3113

そのあとバスは左手の州政庁舎（State Capitol）を廻り混こむように左折してリチャード通り（Richard St.）に入る。そのあとすぐに右折してホテル通り（Hotel St.）を西へ向かう。ホテル通りに入るとすぐにバス停がある。アラケア通りの手前、木陰の下の広い歩道上にある三本のキノコ型をした珍しいバス停だ。このタイプのバス停はここでしか見かけない。バス路線の案内を聞け

ホテル通りの東端にある、キノコ形のバス停。
ダウンタウン独特の都会的な雰囲気だ。

る電話機がついているのも面白い。

ホテル通り
Hotel Street

三本キノコのバス停で降りて、バスの進行方向に合わせてホテル通りを散策してみよう。最初の交差点でアラケア通りを横切り、そのまま歩くと次の信号がビショップ通り（Bishop St.）との交差点だ。この辺りがダウンタウンの中心である。インタナショナル・セイビング銀行やパウアヒ・タワー、エグゼクティブ・センターなどの高層ビルに囲まれていて、いかにも大都会といった感じがする。歩道をネクタイにスーツ姿のエリート風男性が早足で歩いていく。

ビショップ通りを横切るとすぐに道の両側にバス停がある。ホテル通りは片側一車線の狭い通りだが、東西の両方向にバスが運行されていて、見ていると次々にバスがやってくる。

右側にユニオン・モール（Union Mall）と呼ばれる遊歩道がバス停から北に伸びていて、その周辺にはケンタッキー・フライドチキン、中華レストラン、マクドナルドなどがある。オフィス街のビジネスマンやＯＬが昼食をとるのだろう。向かい側のロングズ・ドラッグズ（Longs Drugs）前にはたくさんの人がバスを待っている。

その先の信号はフォート・ストリート・モール（Fort Street Mall）との交差点だ。アロハ・タワーから北へ伸びるフォート・ストリートは以前ホノルル港に豪華客船が入港した時代の目抜き通りだった。現在はさまざまな店が並ぶ遊歩道になっている。ＯＬが昼休みにくつろぐ場所でもあり、平日はかなりの人出になる。

フォート・ストリート・モールをのんびりと南へ歩いて、キング通りとアラモアナ大通りを横切れば、そこはもうアロハ・タワー・マーケットプレイスだ。ホノルルの市街地は小さくまとまっていて、ダウンタウンからアロハ・タワーまで徒歩で移動できることがわかる。

チャイナタウン　*Chinatown*

さて、フォート・ストリート・モールを横切ってなおもホテル通りを西に歩いていくと、右手に小さなチャイナタウン・ゲイト公園（Chinatown Gate Park）がある。ホテル通りの両側に唐獅子のような置き物があり、ここから先がチャイナタウンだと教えてくれる。

ヌウアヌ通りを横切った辺りから通りの両側には肉屋に魚屋、野菜屋、薬屋、中華料理店にバーなど小さな店が並び何やら怪しい雰囲気になってくる。日本では見たこともないような野菜や果物、色とりどりの魚、丸焼きの鶏、牛や豚の臓物などが店先に置かれている。雑然とした雰囲気は先ほどのダウンタウンとはまったく異なる風景だ。


チャイナタウンではハワイ州から保護指定されている古い建て物が軒を並べている。ホテル通りの両側の歩道は東洋系の人たちであふれるほどだ。早足で歩く買い物風の中年女性、何もすることがない暇そうな老人、集団でたむろしている若者。以前のホテル通りは有名な売春街で、ホノルルで最もいかがわしい界隈だったという。今でもストリップ小屋やポルノショップの看板が薄暗い入り口に掲げてある。夜間には近寄らないほうがよいといわれる独特の区域だ。

マウナケア通り（Maunakea St.）を横切ると右にマウナケア・マーケットプレイス（Maunakea Market Place）の入り口がある。チャイナタウンの中心部にある小さなショッピングセンターで、

どことなく寂しいチャイナタウンのバス停。
ホテル通りとスミス通りの交差点。

中国製の民芸品や骨董品、陶器を並べた店が多い。圧倒されるのは八百屋や魚屋の威勢のいい呼び込みである。耳に入るのは早口の中国語らしく、店員と客の賑やかなやりとりに一瞬東南アジアに紛れ込んだ気持ちになってしまう。

マウナケア・マーケット内のフードコートではアジア各国の料理が並び、ハワイ料理に日本食もある。しかしテーブル席で黙々と食事をしているのは地元の人ばかりで、観光客は少々落ち着かない感じがする。

マウナケア・マーケットを出て西へ歩くとチャイナタウン最後のバス停があり、ヌウアヌ川（Nuuanu Stream）沿いのリバー通り（River St.）に突き当たる。チャイナタウンは東のヌウアヌ通り、西のリバー通り、北がベレタニア通り、南がキング通りに囲まれたホノルル南西部の一画を指す。ベレタニア通りから北へ二ブロック歩けばフォスター植物園（Foster Botanical Garden）がある。ダウンタウンからチャイナタウンを散策して、そのあとフォスター植物園を見学するというコースも楽しいかもしれない。

リバー通りにぶつかって横断歩道を渡り、ホテル通りの反対側を東へ戻る。通りには東行きのバスが何台も連なり、歩道にはたくさんの人がいて混雑している。チャイナタウンの特徴といえばこのあふれるばかりの人の数だろう。しかし細い路地や裏道は逆にまったく人の気配がせず、何とも無気味な感じが漂っている。やはり観光客は平日のお昼近くにメインのホテル通りだけを歩くというのが無難なようだ。

同じホテル通りでもヌウアヌ通りを横切って、ダウンタウン寄りのフォート・ストリート・モールまで来ると心の奥で安心感が広がる。ひと目で観光客とは判らないような、色の落ちたTシャツに古いジーンズという服装だったが、チャイナタウンではそれなりに緊張していたようだ。

ロングズ・ドラッグズの前のバス停では、相変わらずたくさんの人がバスを待っている。以前にはキング通りを東に走っていたバス路線がいくつかホテル通りに変更されたようで、ホテル通りはバスが渋滞するほどだ。

ビショップ通りとアラケア通りを横切ってイオラニ宮殿の西側にぶつかる手前に、まるでＵＦ

Oのようなバス停があった。半球状の屋根に八本の足がついた珍しい形で、向かいのバス停をキノコ型とするとこちらはクラゲ型と呼べそうだ。イオラニ宮殿に近いということで違和感がないように設計されたのかもしれないが、遠くから見るとあれは何だろうと一瞬考えてしまうバス停だ。UFO型のバス停を歩いて過ぎると州政庁とイオラニ宮殿の広大な敷地に突き当たる。右折してリチャード通りを南へ歩きキング通りに向かう。リチャード通りの左手にはイオラニ宮殿の西門があるが、ここはやはりキング通りに面した海側の正門、カウイケアオウリ・ゲート(Kauikeaouli Gate)から堂々と入りたい。

リチャード通りからキング通りに出て東に歩くと、左手にイオラニ宮殿の塀が続いて、その先に正門がある。正門から見たコンクリート造り一部三階建てのイオラニ宮殿は後期ビクトリア朝風の華麗な建築物で、南国の小王国の宮殿としては何とも重厚な雰囲気で迫ってくる。正門にはハワイ王朝の紋章が掲げてあり、そこにはカメハメハ三世が教会で演説した言葉がハワイ語で書かれている。内容は、正義があってこそ土地は活かされる、というものだ。

ホテル通り、ロングズ・ドラッグズ前のバス停には
いつもたくさんの乗客が待っている。

イオラニ宮殿近くのUFO形バス停。
なんとも珍しい形をしている。

敷地内を歩いていくと、つい先ほどのチャイナタウンの猥雑な喧噪からは想像もできないような、おごそかな空気がただよっている。まるで商業地域チャイナタウンや金融の中心地ダウンタウンの経済中心の雰囲気をそれとなく非難しているようだ。

　イオラニ宮殿はハワイ王朝のかつての栄光をしのばせるアメリカ合衆国唯一の宮殿である。現在の西洋館風の建て物が完成したのは一八八二年。カラカウア王が世界一周旅行を敢行した翌年のことである。王はハワイで増大する白人勢力に危機感を抱き、歴史あるハワイ文化の復興を図る一方、当時の大日本帝国と同様に欧米の最新文化を取り入れて先進各国に対抗しようとしていた。

イオラニ宮殿
Iolani Palace

South King Street
between Richard and
Punchbowl Street
Tel. 522-0832
8:30AM to 3:30PM
Closed Sunday

豪壮なイオラニ宮殿には欧米各国と互角に対峙しようとしたカラカウア王の決意が感じられる。日本で最初の西洋建築として知られる鹿鳴館の完成はその翌年でありまったく同じ時代というのが興味深い。

イオラニ宮殿の歴史は悲しいものだった。本来の宮殿として使用されたのはわずかに一一年間であり、ハワイ王朝の崩壊後は白人実業家らによるハワイ国臨時政府、ドールを大統領とするハワイ共和国政府、そしてアメリカ合衆国ハワイ準州政府からハワイ州政府として使用された。その後ハワイ州に返還され保存、管理されるようになったのは何と一九六九年のことである。

現在はハワイ州の文化財に指定され、一般の人にも公開されている。宮殿内は約一時間の見学コースをガイドに導かれてグループ行動することになっている。宮殿とその内部を維持するために個人が勝手に見学することはできない。

カメハメハ大王像

正門に戻ってイオラニ宮殿をあとにし、キング通りをはさんで向かい側にあるカメハメハ大王像まで歩こう。横断歩道を渡った先に偉容を誇る裁判所があり、その前にカメハメハ大王が白い台座の上に金色のガウンを着て宮殿の方を向いて立っている。一七九五年にカウアイ島を除くハワイ諸島を統一したという初代国王カメハメハ一世である。

下から見上げると端正な顔をして色あざやかなレイをいくつも首にかけ、右手を前方に差し出している。ところが本物のカメハメハ大王は身長約二メートルの巨体を誇るどっしりとしたハワイ人だった。

ハンサムな大王像になったのは理由がある。キャプテン・クックのハワイ発見百年を記念してイタリアで造られたのだそうだ。イタリア人の想像したカメハメハ大王はハンサムな顔をして痩せていたのだろう。それでも毎年六月一一日のカメハメハ大王の日には、この偉大な国王の銅像が無数のレイで飾られる。

カメハメハ大王の像はここだけではない。ハワイ島の生誕の地コハラ（Kohala）にも同じ像が建っている。イタリアからハワイへ運ぶ途中に船が転覆し、せっかくできた大王像が海に沈んで

カメハメハ大王像の東にあるバス停。
数多くの東行きバスが停車する。

しまった。そこで再度造り直したのがホノルルの大王像で、そのあと海から引き上げたのがコハラの大王像なのだそうだ。そうするとハワイ島のヒロにある大王像の由来は何だろうと素朴な疑問が浮かんできた。

そろそろバスに乗ろうか。カメハメハ大王像の東にはアラモアナやワイキキへ帰るバス停がある。キング通りとパンチボウル通りの交差点の手前だ。このバス停はホテル通りを東に走るバスが経由するので数多くの路線が停車する。バスを待っている人も絶えることがない。

このバス停からパンチボウル通りを海側に三ブロックほど歩くとレストラン・ロウ辺りに出られる。アロハ・タワー・マーケットプレイスに寄りたい人は、ここから歩いてもいけることになる。

ワイキキまで戻るなら、行きに乗ったバスと同じ番号の二番かまたは一三番のワイキキ／ビーチ＆ホテルズ（WAIKIKI/BEACH & HOTELS)、あるいはイクスプレスB（B City Express!WAIKIKI）に乗ればよい。キング通りを東へ走り、右折してカラカウア通りに入る。ダイエー裏のバス停にはショッピング・カートが無造作に放置されている。スーパーからバス停までカートを押してきて、そのままバスに乗ってしまう人がいるようだ。その後ハワイ・コンベンション・センターを過ぎてアラワイ運河を渡り、クヒオ通りを東へ走っていく。

四番バスのユニバーシティ／ワイキキ（4 UNIVERSITY/WAIKIKI）に乗るとアラパイ通り（Alapai St.）を経由してH1の北側、ワイルダー通り（Wilder Ave.）を走ってハワイ大学を目指す。そのあとユニバーシティ通りを南下、デイト通り（Date St.）からマッカリー通り（McCully St.）へ出て、アラワイ運河を渡りクヒオ通りに入っていく。

ダイエー裏手にあるバス停には
ショッピング用のカートが置き去りにされていた。

ホノルル空港方面から来た一九番、二〇番のワイキキ／ビーチ&ホテルズ（WAIKIK/BEACH & HOTELS）はすぐに右折してパンチボウル通りを南下する。左手にレストラン・ロウを見ながら左折してアラモアナ通りに出たあと、右手にケワロ湾、アラモアナ・ビーチパークを見ながらアラモアナ・センターの山側バス・ターミナルへと向かう。またエワ・ビーチから来た四二番ワイキキ／ビーチ&ホテルズ（42 WAIKIK/BEACH & HOTELS）は同じコースを走るがアラモアナ通りでは海側のビーチパークのバス停に停車する。

オアフ島を反時計廻りにぐるりと一周してきた五二番ホノルル／アラモアナ（52 HONOLULU/ALA MOANA）はキング通りからカピオラニ通り（Kapiolani Blvd）を走りアラモアナ・センターに向かう。またワイパフ方面から来た四三番ホノルル／アラモアナ（43 HONOLULU/ALA

MOANA）に乗ってもよい。とにかくこのバス停では行き先表示にワイキキとかアラモアナと書いてあれば迷わずに乗ってしまえばよい。

まだ陽が傾いていなければアラモアナ・ショッピングセンターまでのんびり歩くこともできる。キング通りからカピオラニ通りを東へ歩き、ワード通り（Ward Ave.）を横切ってペンサコーラ通り（Pensacola St.）まで来れば、アラモアナ・センターはすぐ先の右側だ。

ホノルルのダウンタウンにチャイナタウン、イオラニ宮殿にカメハメハ大王像、ホノルル港にアロハタワー、ワード・センターズにアラモアナ・センターは、すべて徒歩圏内にあることがわかる。

そしてもちろん、アラモアナ・センターからワイキキまでも三〇分もあれば歩いて帰れる。バスと徒歩を組み合わせて自由にホノルル探訪ができるというのも大きな魅力である。

帰国

帰国の日は朝から何となく気が重い。できればずっとハワイにいたい。次のハワイ来訪まで何とか頑張ろうと自分に言い聞かせて、ベッドから起き上がる。

オアフ島バス巡りのさまざまな思い出をバッグに詰めてクヒオ通り山側のバス停に立つ。ホノルル国際空港まで行くバスは一九番エアポート／ヒッカム（19 AIRPORT/HICKAM）か二〇番エアポート／アリゾナ・メモーリアル／スタジアム／パールリッジ（20 AIRPORT/ARIZONA MEM/STADIUM/PEARLRIDGE）のどちらかだ。どちらも大体四〇分に一本の間隔で運行されている。

飛行機の出発時刻から逆算して、余裕を持ってバス停で待ちたい。たっぷり四〇分ほど待ったあとに二台続けて来ることもある。それと土曜日、日曜日、祝祭日は運行本数が平日より少ないのも要注意だ。

一九番も二〇番も空港まではほぼ同じルートを走る。モンサラット通りのバス停が始発で、ここからクヒオ通りを西に走り、とりあえずアラモアナ・センターを目指す。アラモアナ・センターに寄り道して最後のショッピングをする人は本数の多い八番バスに乗ればよい。ただしショッピングが済んだらアラモアナ・センターの海側のバス停で空港行きのバスを待つこと。山側のバス停は同じ一九番、二〇番でも東行きでワイキキに逆戻りしてしまう。

バスはアラモアナ・センターからワード・センター、ワード・ウエアハウスと西へ走り、レストラン・ロウを過ぎた辺りで前方にアロハ・タワーが見えてくる。アラモアナ大通りからアラケア通りに右折して北へ向かい、キング通りを横切ると一ブロック右はイオラニ宮殿だ。ホテル通りを横切ってベレタニア通りに出ると、バスは左折してチャイナタウンの北辺りをしばらく西へ走る。そしてヌウアヌ川のリバー通りでもう一度左折する。

そのあとはニミッツ・ハイウェイを西へ向かって高速道路H1の高架下を突っ走ると、やがて左側の空港へのアクセス道路に入る。最初に島間航空のターミナル、次に国際線ターミナルの前に停車する。

二つある国際線ターミナルのバス停のうち、一つ目がハワイに来てワイキキに向かったときに乗った懐かしいバス停だ。国際空港の二階出発ロビーに面していて簡単に航空会社のカウンターまで歩ける。バスを降りて航空会社のカウンターに並ぶ。係員にパスポートと航空券を渡して、荷物は機内持ち込みだけだと伝える。

バイバイ、ハワイ。また来るね。

さよなら、ハワイ。必ずまた来るね。
名残惜しいホノルル空港前のバス停。

出版に寄せて

長い眠りから目覚めたイラストたちは、いま、ハワイの光と風と香りをいっぱいに放ち輝いています。

平成一七年一一月初旬、夫は大動脈解離という病に倒れ、突然の別れとなってしまいました。享年五六歳でした。

色鉛筆画『ハワイ・バス停』の原稿がほとんど完成し、出版に向けて動き出そうとしている矢先でした。

ハワイへの熱き想いがいっぱいに詰まった作品が、もうすぐ完成というのに、どんなにか残念な思いで旅立ってしまったことでしょう。

ほとんど旅には縁のない私達夫婦でしたが、平成四年に初めて訪れたハワイ……。それは、夫を虜にしてしまいました。

日常から解放されて自由気ままに旅する「おじさんハワイ一人旅」の始まりでした。

地元の人達に間違われるほどハワイに溶け込んで廻る「バスの旅」、それは夫にとって発見と感動の連続でした。

ハワイの爽やかな風に吹かれてラナイで飲むビールは最高だったようです。

ハワイ滞在は、いつも短いものでしたが、夫に元気と刺激を与えてくれました。初めての旅行記『おじさんハワイ一人旅――オアフ島4泊6日のバス・ツアー　超初心者の海外旅行入門』(光文社、平成一一年)は、心を弾ませてワクワク書き上げました。しかし、どうにもページ数が足りません。

「ちょっとイラストを描いてみたら……」

何気なく言った私の一言でしたが、その後、ハワイの風景がページを飾るようになりました。

ハワイアンを聴きながら、夢中で描いている夫の後ろ姿や描き上がったイラストを子供のようにはしゃぎながら見せてくれたことなど、懐かしく思い出します。

二度目に夫婦で訪れたハワイは、亡くなる前の年でした。ワイキキ・ビーチで幼い子供と戯れているアメリカ人の家族を微笑ましく眺めながら、夫は、ぽつりと言いました。

「今度は、孫と一緒にくるか」

まだ見ぬ孫と訪れる日を思い描いていたのでしょう。

「ハワイは、一人もいいけれど、やはり二人もいい」

子供達が成人して夫婦で旅する心地好さをしみじみと感じた旅でした。

夫のハワイの旅は、夫婦で始まり、夫婦で終わりました。

亡くなった翌年の平成一八年、私達家族は思い出のマカハビーチを訪れ、一握りの粉にした遺骨とウィスキーを少々、香ばしいレイを海に浮かべて静かに手を合わせました。

そのとき、突然、夫を天国に連れて行ってくれるかのように、一匹の海亀が現れて波に見え隠れしながら、いつの間にか消えてしまいました。

夫が旅立って九年。この度、アロハクラブ事務局の千葉義夫様の多大なご尽力と中部のアロハクラブ・高木良則様はじめアロハクラブの皆様の温かい後押しのおかげで出版の運びとなりました。ご協力いただいた皆さまに感謝の気持ちでいっぱいです。

すでに、著者が亡くなっているにもかかわらず、夫の想いに賛同して快く出版をお引き受けくださり、夫の意志を尊重して挿入画をカラー印刷にしてくださった論創社・森下紀夫社長には、深く感謝申し上げます。

本当に夢のようです。

九年の長い旅を終え、夫が笑顔で帰って来てくれたような、そんな気がしています。

「あなた、おかえりなさい」

ハワイを愛する多くの方々に、時を越え、夫の熱き想いが、たくさん届きますように……。

平成二六年七月

辻村由美

著者略歴

辻村裕治（つじむら　ゆうじ）

1949年愛知県生まれ。早稲田大学卒業。42歳で初渡ハし、重度のハワイ病にかかる。ザ・バスでオアフ島を巡るのが何よりの楽しみだというビール大好き中年。アロハクラブ会員。

著書に『おじさんハワイ一人旅――オアフ島4泊6日のバス・ツアー　超初心者の海外旅行入門』（光文社、1999年）、『おじさんハワイ気まま旅――ハワイ島4泊6日ホロホロ歩き』（光文社、2001年）、『みんなのハワイはじめての英語』（光文社ペーパーバックス、2003年）がある。

アロハクラブ事務局

1995年発足。ハワイ愛好者の集いで、年5～6回の会報誌を発行するとともに、随時、同好の士が集いあってミーティング等を開催。年会費2500円。

入会希望者には、既刊会報誌の見本誌を送付します。ハガキもしくはメールでご連絡ください。

〒191-0043
東京都日野市平山6－30－4 千葉方
アロハクラブ事務局
chiba.yoshi@gmail.com

マジカル・ミステリー・ハワイ

オアフ島路線バス乗り放題の旅

2014年９月10日　初版第一刷印刷
2014年９月15日　初版第一刷発行

著者　辻村裕治

発行者　森下紀夫

発行所　論 創 社
〒160-0022　東京都千代田区神田神保町２－23　北井ビル
tel. 03－3264－5254　fax. 03－3264－5232
web. http://www.ronso.co.jp/
振替　00160－1－155266

編集・組版・装幀　永井佳乃

印刷・製本　中央精版印刷

 ISBN978-4-8460-1359-2 C0026

ALOHA
yuji